中公新書 2262

大西 裕著

先進国・韓国の憂鬱

少子高齢化、経済格差、グローバル化

中央公論新社刊

はしがき

二〇一〇年代に入り、韓国経済は日本を超えたように見えた。テレビといえばかつては日本のお家芸であったが、海外旅行先にある液晶テレビといえばサムスンかLG製ばかりが目立ち、日本の大型電気店に行っても日本製品は探すのすら困難であった。携帯電話市場ではサムスンがナンバー1で、日本製品は日本国内でしか存在感がなく、エアコン、洗濯機など白物家電でも同様のことがいえた。自動車市場の主戦地であるアメリカでも現代《ヒュンダイ》自動車の躍進が目立ち、日本車は苦戦していた。

韓国内を見れば、ワインブームにスキーブームと、一九八〇年代の日本のバブル時代を彷《ほう》彿《ふつ》させる活気が見られた。韓国人に聞いても、彼らはもはや日本を相手にしているようには思えなかった。ヒット曲「江南《カンナム》スタイル」は世界を席巻《せっけん》し、韓流ブームは日本を飛び越えアジア諸国に浸透し、韓国の文化パワーを見せつけていた。二〇一〇年代に入って日本はGDP（国内総生産）世界第二位の地位を中国に奪われ、日中逆転が喧伝《けんでん》されたが、経済の質の面では日韓逆転の様相すら呈していた。

ところが、二〇一二年一二月に行われた大統領選挙の争点は、ほかならぬ経済問題であった。リーマン・ショック対策で成功したうえ、米韓FTA（自由貿易協定）を成立させ、日本企業にさらなる脅威を与え、世界中を飛び回りトップセールスを展開した李明博《イミョンバク》大統領の支持率は急落し、側近たちも次々に彼から離れていった。二〇年にわたる経済停滞にあえぐ日本からすれば、彼の業績は素晴らしいの一語に尽きるはずである。その李大統領が、経済政策ゆえに評判を落とし、この年の後半にはまったく影響力を失っていた。大統領選挙の候補者たちは、いずれも李明博政権を否定した。そして社会福祉を充実させ、彼のもとで深刻化した貧困と不平等を是正するという主張を競い合っていた。

この二つのかなり異なる光景が、同じ国内で見られたのが二〇一二年の年末だった。ギャップをもたらしたものを一つ挙げるとすれば、それは韓国が先進国になったということであろう。

韓国が先進国であるというと、いぶかしむ人がいるかもしれない。韓国のなかにも、自分たちはまだ先進国にはなっていないという人が少なくない。先進国という言葉は本来曖昧《あいまい》で、人によって使う意味合いが異なる。先進国の定義のなかに、文化的な先進性という意味を込めたり、大国としての地位をイメージする人もいるが、本書では、先進国とは、高度に工業化が進み、経済的に豊かで生活水準が高い民主主義国家を指すこととする。

この定義からすれば、韓国はすでに先進国である。経済的な豊かさの点では、「先進国クラブ」とも呼ばれるOECD（経済協力開発機構）のメンバーであり、豊かさの指標としてよく用いられる一人あたりのGDPでは三万二〇〇〇ドルに達していて（二〇一二年OECDデータベース）、豊かな国の部類に入る。なお、国ごとに異なる物価水準を反映させて為替レートを調整した、より生活実感に近い購買力平価で見れば、日本の三万五〇〇〇ドルに対し約三万ドルで、ほぼ日本に追いついているといえる。

生活水準の測定は主観的判断も入るので難しいが、人々の生活の質や発展度合いを示す指標としてよく用いられる、UNDP（国連開発計画）のHDI（人間開発指数）を見ると、データが利用可能な一八六ヵ国中、韓国は一二位（ちなみに日本は一〇位）である。

また、民主主義の度合いについては、政治体制の民主性、政治的自由のレベルを国際的に調査しているNGOのフリーダムハウスによる評価で、韓国は政治的権利が最良、市民の自由もきわめて良好とされている。つまり、国際機関の評価を見る限り、韓国は先進国の条件を満たしているといえる。

さて、話を元に戻そう。先進国になることは、韓国人にとっては明確に目標であった。しかし、私たちもよく知っているように、先進国は理想郷でもなんでもなく、さまざまな問題に直面し、苦悩している。少子高齢化が進行し、巨額の財政赤字、社会保障制度の維持困難、経済活力の低下にどの国も直面している。韓国もまた同様である。

以前であればGDPの増大が人々の幸せに直結しており、不平等と貧困も成長で克服できると信じられたかもしれない。だが、先進国となった韓国の人々にそのような呪文《じゅもん》は通じない。少子高齢化はまだ日本ほどは進行していない。しかし、他の先進国と異なり、短期間で経済の高度化を達成し先進国特有の問題に直面しているため、社会保障の整備が間に合わず、高齢者の貧困問題などがより先鋭な形で出てきている。出生率の低下も凄《すさ》まじく、あっという間に日本を抜いてしまった。

本書はそうした先進国が抱える問題のうち、少子高齢化や経済格差、急速に進むグローバル化に焦点を当てて、韓国がどのように対処しようとしてきたのかを明らかにする。

その際に、私たちが留意しておかねばならないことがある。それは、急速な経済環境の変化に対する韓国、そして韓国政府の対応に対して、まったく異なる評価がしばしばなされることである。

韓国は、経済情勢の変化に非常にうまく対処したという高い評価がなされている。それはとりわけ日本との対比においてである。例えば、世界の主要国との貿易自由化戦略の積極的展開である。よく知られているように、経済のグローバル化は、国家間で熾烈《しれつ》な経済競争をもたらしている。この環境変化に、韓国はうまく対応しているというものである。

韓国は、日本と同様、かつては米作を中心とする農業社会であったが、製造業中心に経済を発展させ、日本と類似した産業構造を作り出してきた。そして、やはり日本同様、コメをはじめとする農林水産物の輸入を制限し、保護を与えてきた。第一次産業の政治的重要性ゆえである。しかし、日本とは異なり、韓国は、アメリカやEU（欧州連合）などと積極的に

ＦＴＡを締結し、国内市場を開放してきた。貿易自由化の推進は韓国系企業の世界進出を後押ししており、例えば北米市場やヨーロッパ市場での韓国車の躍進に一役買った。競合産業の多い日系企業にとって韓国政府の姿勢は脅威であり、かつ羨望《せんぼう》の対象であった。

他方で、韓国では、少子高齢化の進行に加えて経済格差が急速に拡大しているにもかかわらず、それに対応できていないとの低評価もなされている。グローバル化に伴う自由競争の結果、勝者と敗者が分かれてしまっているのである。高齢者の貧困、若年層の就職難や非正規労働者の増加、一所懸命働いても生活苦から抜け出せないワーキングプアの問題は深刻である。しかし、これらの問題に対応するための社会保障政策は貧弱なままだと批判されるのである。

このような、相反する評価が生まれるのは、一九九七年に韓国を襲ったアジア通貨危機が否応《いやおう》なく新自由主義的改革を推し進めた結果なのだという説明がよく見られる。外貨が枯渇した状態では救済資金を提供したＩＭＦ（国際通貨基金）のいうことを聞くしかなかったというものである。その結果、経済は成長したが、貧富の差は拡大した。一見相反する評価は表裏一体なのである。

筆者も、この説明がまったくの誤りであるというつもりはない。しかし、これでは事実の半分程度の説明でしかない。ＩＭＦの押しつけを強調するだけでは、韓国社会のなかのダイナミズムを見逃してしまう。

アジア通貨危機後、韓国には金大中《キムデジュン》、盧武鉉《ノムヒョン》、李明博、朴槿恵《パククネ》の四代の大統領が登場している。本書が出される時点では現在進行形の朴槿恵政権は別として、それぞれの政権が、どのような制約の下で、何をしてきたのか。これらを丁寧に追うことで、韓国社会が何に悩み、いかなる方向に進もうとしているのかを理解することができるであろう。それは、単に隣国韓国を知るということにとどまらない。韓国が直面している課題には、日本も直面しているからである。

少子高齢化の進展をはじめ、貿易自由化などは日本の重要課題である。本書は、今日の韓国の政治経済社会を理解する目的で執筆したが、同時に日本の課題を理解するうえで多少なりとも参考になるはずである。韓国と何が違い、何が類似しているのか、比べながら読み進めていただければと思う。

目次

先進国・韓国の憂鬱

韓国地図

板門店
ソウル
江原道
漢
仁川
京畿道
江
世宗特別自治市
忠清北道
忠清南道
大田
忠清道
湖南地域
嶺南地域
慶尚北道
洛東江
大邱
全羅北道
蔚山
慶尚南道
光州
釜山
全羅南道
対馬
済州道
日本

序章　先進国としての韓国の始まり

1　二〇一二年大統領選挙の持つ意味

静かな選挙の激しい争い

二〇一二年一二月に行われた大統領選挙は、これまでになく静かな選挙であった。日本と異なり、韓国は選挙法によって街宣車による候補者名の連呼が禁じられている。そのため、選挙期間中でも本当に選挙が行われているのかわからないほど静かである。だが、注目して見ればいつも激しい選挙戦が展開されていることがわかる。今回も選挙戦自体は激しい面もあったが、いまひとつ盛り上がりに欠けていた。

選挙が静かであったのは、保守派の与党セヌリ党候補の朴槿恵、進歩派の第一野党民主統合党候補の文在寅《ムンジェイン》がいずれも穏健中道であったからである。加えて、第三の候補者として、若者、無党派層から人気があった安《アン》哲《チョル》秀《ス》の立候補辞退後、選挙の構図は既成政党間の対立になり、新鮮味に欠けたことも影響した。

李明博が当選した二〇〇七年の選挙は、大統領候補個人に対する激しい中傷非難も見られたが、今回はそれもあまり見られなかった。韓国では、大学の教員が選挙戦の一翼を担うこともあり、筆者のような外国人研究者にとっても生の声を聞ける機会が多いが、両陣営に属する彼らもやりにくさがあったようである。文在寅陣営の人々のなかには、朴槿恵個人は悪くはないという声が少なくなく、逆もしかりであった。

こうした光景は、二〇〇七年の選挙時には見られなかった。当時進歩派は保守派の李明博候補を、口をきわめて批判し、逆もやはりそうであった。ある意味、もの足りなさすら感じる選挙であった。

しかし、蓋《ふた》を開けてみると、投票率は前回大統領選挙の六三％に比べ大幅に上がり、七五・八％となった。両陣営は総力を挙げて有権者を動員していた。若年層からの支持が多かった文在寅陣営は、ツイッターやフェイスブックなどのSNS（ソーシャル・ネットワーキング・サービス）、電子メールを駆使して投票を呼びかけ、比較的高齢層の支持が厚い朴槿恵陣営は隣近所に声を掛け合って投票に向かわせた。

選挙戦が静かな一方で、有権者の動員は進んだ。これは五年前の選挙と正反対であった。そして、この情景に、韓国が現在抱えている政治と経済社会の大きな課題を見出すことができる。

二〇一二年の大統領選は、これまでの大統領選挙と争点が大きく異なっていた。以前の大統領選は、北朝鮮への対応や、地域間対立など、国を二分するものであった。しかし、この選挙では、「経済民主化」に争点が収斂《しゅうれん》した。両者の主張は似ていたため、一般有権者にとってはその違いがわかりにくかった。朴槿恵も文在寅も、新自由主義的改革で深刻になった経済格差を解消しなければならず、そのためには財閥改革と社会福祉の充実をしなければならない、という点では一致していた。よく聞くと両者に違いはある、しかしそれはよく聞かないとわからない。日々の生活で忙しい一般有権者が簡単に理解できるものではなかった。どちらが大統領になっても違いがないのなら、通常投票率は下がるはずである。

政策的対立が乏しいなか、高い投票率となった理由として重要なのが、韓国の政治世界に横たわる、深刻なイデオロギー対立であった。進歩派陣営からすれば、たしかに朴槿恵は悪くはない。政策で理解できる部分もある。しかし彼女を支えている人々が悪い。与党セヌリ党は所詮《しょせん》、保守の政党であるので信用できない。逆もまったく同じことがいえる。進歩派に属する人々の、保守派政党とそのイデオロギーに対する拒否感、保守派に属する人々の、進歩派政党とそのイデオロギーに対する拒否感。これらには拭《ぬぐ》いがたいものがあった。

二〇一二年の選挙で見られた静かで激しい争いの本質は、「経済民主化」に選挙の争点が収斂する一方で、深刻なイデオロギー対立が存在するという、一見矛盾した状況のなかに見出すことができる。そして、この二つが、韓国の政治経済を考えるうえで重要なキーワードとなる。

進歩派と保守派

では、進歩派対保守派のイデオロギー対立とは何か。

冷戦が二〇年以上前に終わり、社会主義が魅力を失ってかなりたつ今、日本ではイデオロギーという言葉自体聞くことが少なくなった。だが、韓国政治を説明するうえで、この言葉は欠かすことができない。

左派、右派と区分されることも多いこの対立軸は、日本ではリベラルな価値観を持つか、伝統を重視するかという文化的側面や、アメリカとの関係のあり方など外交的側面で述べられることが少なくない。しかしより一般的には経済活動をめぐるものである。

進歩派は、資本主義経済のもとで行われる自由競争の結果、勝者と敗者が生まれ、国民の間に不平等が広がることを懸念し、所得の再配分など政府の介入でより平等な世界を作ろうとする。他方、保守派は、政府の市場への介入が経済活力を削《そ》ぐことを懸念し、企業の経済活動の自由をできるだけ広く認める。

自由と平等は現代民主主義の根幹を支える基本的価値観だが、両立は容易ではない。それゆえ、ほとんどの先進国で進歩派と保守派の対立は現在でも存在する。ただし、ソ連を中心とする社会主義陣営と、アメリカを中心とする自由主義陣営が対峙《たいじ》していた冷戦時代のような、先鋭化した対立が見られるわけではない。

ところが、韓国ではこの対立が今なお先鋭化した状態にある。ただし、韓国におけるイデオロギー対立は、経済活動以上に、主権と民族に関する考え方の違いとして表れている。すなわちこうである。一九四五年に日本の植民地支配から解放されて以降、韓国はアメリカの強い影響下に置かれており、現在も同盟国である。他方、朝鮮半島は東西冷戦の主要舞台となり、同じ民族が南北に分断されてしまった。

この状況を進歩派は、次のように捉《とら》えてきた。韓国が民族分断の悲劇を味わうことになるのは、アメリカの強い影響下にあったことが関係している。アメリカとの同盟は、アメリカによる韓国の主権侵害であり、民族分断を固定化させることにつながった。反対に保守派は、アメリカこそが、経済活動の自由を認めず独裁的な北朝鮮から自分たちを守ってきたと考え、現在の韓国がよって立つ資本主義経済体制と米韓同盟による安全保障を肯定してきた。つまり、反米・親北朝鮮が進歩派で、親米・反北朝鮮が保守派である。

イデオロギー対立と選挙への影響

両者の対立は深刻で、過去の選挙において有権者の投票行動に重要な影響を与えてきた。進歩派と見なされてきた金大中元大統領の出身地である、南西部の湖南《ホナム》地方（全羅道《チョルラド》）の有権者は進歩派政党を支持してきた。一方で、金大中以外の歴代大統領を輩出した、釜山《プサン》や大《テ》

0-1　第18代大統領選挙主要候補者地域別得票率

地域	候補者別得票率	(%)
	朴槿恵	文在寅
全体	51.6	48.0
ソウル	48.2	51.4
釜山	59.8	39.9
大邱	80.1	19.5
仁川	51.6	48.0
光州	7.8	92.0
大田	50.0	49.7
蔚山	59.8	39.8
世宗	51.9	47.6
京畿	50.4	49.2
江原	62.0	37.5
忠清北道	56.2	43.3
忠清南道	56.7	42.8
全羅北道	13.2	86.3
全羅南道	10.0	89.3
慶尚北道	80.8	18.6
慶尚南道	63.1	36.3
済州	50.5	49.0

注）韓国中央選挙管理委員会データベースより筆者作成

邱《グ》を中心とする朝鮮半島南東部の嶺《ヨン》南《ナム》地方（慶尚道《キョンサンド》）は保守派政党を支持している。この地域間対立は、民主化以降固定化されたままである（巻頭地図）。

若年世代が進歩派政党を支持し、朝鮮戦争を経験した高齢者世代が保守派政党を支持する傾向も強く見られる。世代の違いは、選挙演説に立ち会えば誰でもすぐに感じられる。進歩派の集会と保守派の集会とでは、それぞれの世代でしかなかなか通用しない言葉（ジャーゴン）が使われるうえ、ファッションの違いも大きく、文化すら異なると感じさせる。

この対立の構図は、二〇一二年の大統領選挙でも鮮明に表れた。0-

0‐2　年齢別候補者選択

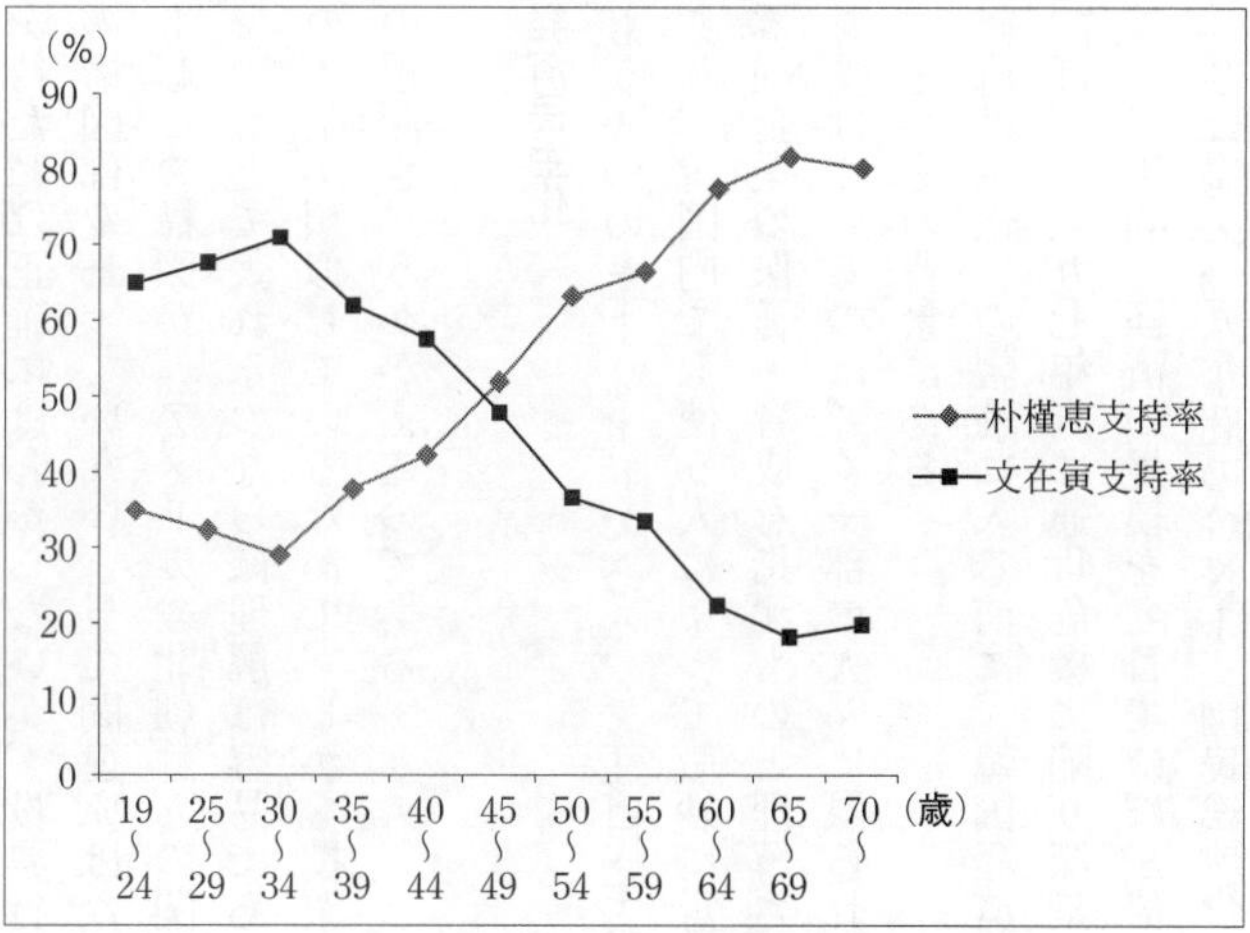

［資料］パクチャヌク（2013）「総論：2012年大統領選挙の展開と結末」（パクチャヌク・キムジュイン・ウジョンオプ編『韓国有権者の選択２－第18代大統領選挙』峨山政策研究院）

1と0‐2を見れば一目瞭然《いちもくりょうぜん》である。

0‐1は、両候補の各地域での得票率である。文在寅候補は湖南地方で圧倒的支持を得、朴槿恵候補は嶺南地方から大量得票していることがわかる。

0‐2は、韓国の政治学者であるパクチャヌクたちが大統領選挙直後に行った調査に基づく、年齢別の得票率である。文在寅は若年層、朴槿恵は高齢者の支持を得ていることがわかる。大統領選挙で、湖南地方の有権者、若年層が進歩派政党を支持し、嶺南地方の有権者、高齢層が保守派政党を支持したことが、一足飛びにイデオロギー対立の深刻さを示すとはいい切れないかもしれない。イデオロギーの違いが投票行動に表れたかどうかは、今後の研究を待たねば正確にはわからないが、投票行動のパターンが従来と同じであることから、対立の構図は変わっていないと見て間違いはない。

もしこの構図が、アメリカや北朝鮮との関係など、これまで大統領選挙で争点となったテーマのもとで表れるのならば理解は容易である。しかし今回の大きな争点は経済であり、両者の主張が類似しているなかで、しかも投票率を上げての対立構図の再現である。対立の相当の根深さがうかがえるのである。

経済民主化

もう一つのキーワードである、「経済民主化」についてはどうか。これは大変曖昧な概念であり、韓国内でも使う人によって微妙に意味合いが異なるが、一般的には、財閥改革や中小零細企業の保護・育成を指すものと理解されている。韓国経済は豊かになったが、その恩恵を受けているのはごく一部の人々に限られているという認識が、国民に広く共有されていることがその背景にある。

「経済民主化」の議論に入る前に、韓国経済がどの程度豊かになったのかを確認しておこう。韓国は、一九九七年末に通貨危機に陥り深刻な不況を経験するが、その後、経済成長を続け、ここ一五年間で経済の規模を名目でほぼ三倍にし、人々の豊かさも同じくほぼ三倍になった。

0-3は過去一八年間のGNI（国民総所得）の推移を示している。GNIは国民が一年間

0-3　韓国のGNI推移（名目、単位：1億ドル）

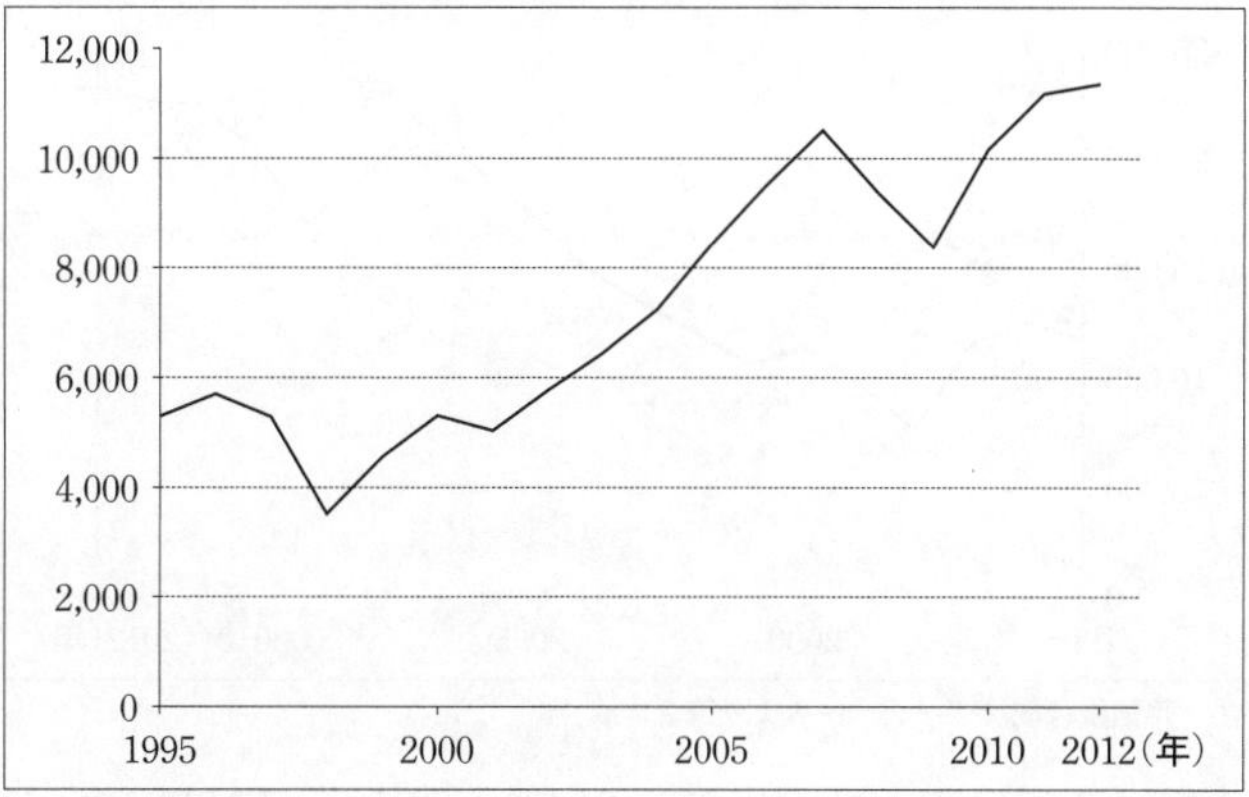

注）韓国銀行統計データベースより筆者作成

に新たに生み出した財・サービスの付加価値の合計をいい、経済力の大きさや豊かさを指す指標として用いられる。一九九〇年以前に日本で経済の規模を表す指標として用いられたGNP（国民総生産）とほぼ同じと考えてよい。

韓国経済は、一九九七年のアジア通貨危機と二〇〇八年のリーマン・ショックの影響を受けてマイナス成長を経験するが、それらを除くとほぼ順調に成長し、規模を拡大してきた。まったく同様の傾向は一人あたりGNIの推移でも確認できる（0-4）。

なお、以上は名目値で、インフレの進行を考慮していない。しかし、実質GNI成長率がこの一五年間で年平均三・一五％であるので、実質でもほぼ一・五倍の規模に拡大したわけである。

だが、豊かさはすべての国民にあまねく恩恵

0-4　一人あたりGNI推移（名目、単位：ドル）

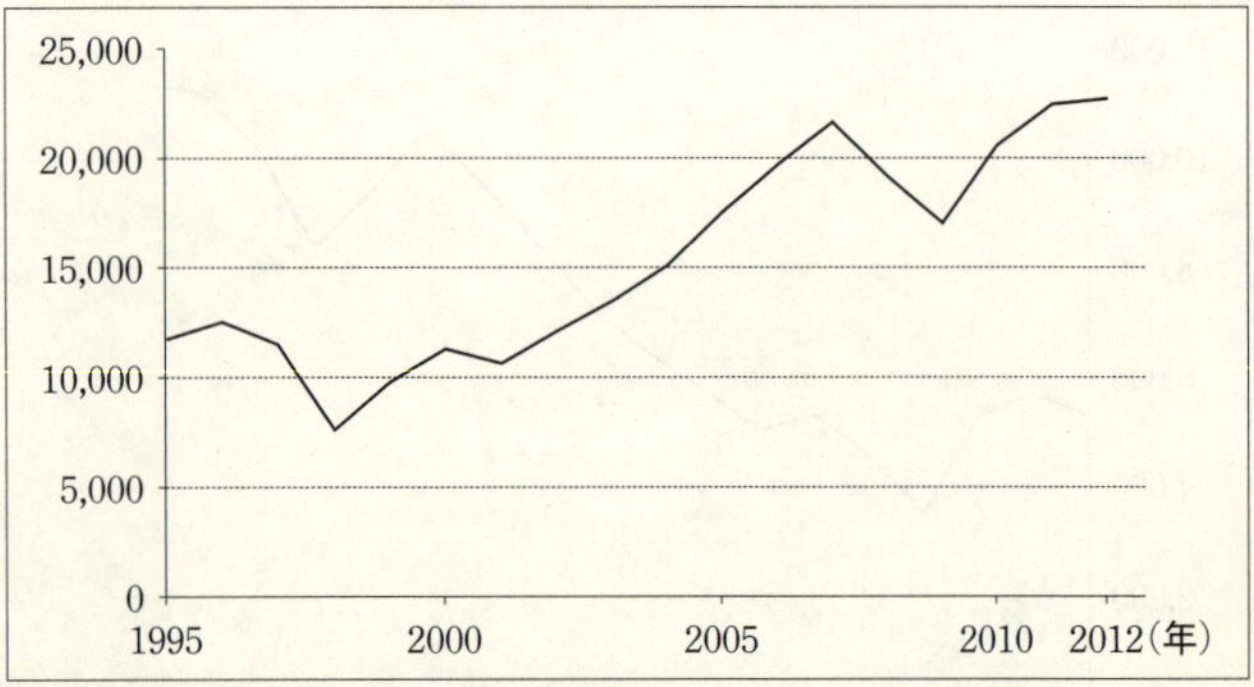

注）韓国銀行統計データベースより筆者作成

を与えるものではなかった。韓国は、サムスン、現代自動車、LGなどの少数の財閥に経済力が集中する構造を有している。ここ数年の間に、家電製品などで韓国企業の躍進がめざましく、白物家電やテレビなどかつて日本のお家芸とまでいわれた分野でも日本企業は圧倒されているが、その快進撃はもっぱら財閥系企業による。利益の大半は財閥とごく一部の社員が得ており、一般市民や中小零細企業はその恩恵にあずかっていない。その結果、韓国内で広がった経済格差を是正しようという主張が、「経済民主化」である。強すぎる財閥を抑え、一般市民にも繁栄の配当が及ぶように改革していく必要がある、というものであった。

韓国が財閥中心の経済構造になったのには、大きく分けて二つの要因がある。

一つは財閥が歴代政権によって特権的に保護されたことである。とりわけ一九八七年まで続いた非民主的な時代に、財閥は政権と強いつながりがあり、政策金融の優先的配分や低利融資などの形で優遇を受けていた。一九八七年の民主化後こうした政策的優遇は減っており、非財閥系企業との差があっても説明可能な合理性を有するものが大半である。

とはいえ、財閥が絡んだ経済犯罪に対し歴代政権の対応は甘かった。例えば、財閥オーナーたちに有罪判決が下ってもすぐ恩赦にするなど、特別待遇を与えていたことは否定しがたく、一般市民の強い反発を買っていた。

しかしおそらくより重要な要因は、韓国経済で自由化が進み、弱肉強食の市場原理が働くなかで、もともと強い立場にあった財閥がより強くなり、財閥の一人勝ちの状況になっていることである。

一九九七年に韓国が直撃を受けたアジア通貨危機以降、金大中、盧武鉉、李明博の三政権はいずれも新自由主義的な改革を行い、韓国経済からさまざまな規制を撤廃していった。直近では、李明博政権下で法人税減税が行われ、アメリカ・EUなどとのFTA締結による貿易自由化も推進された。これらは韓国におけるビジネスの環境を一般的に改善するものであって、財閥を優遇したものではない。しかし、輸出産業を財閥が有していることなどもあって、改革措置は結果として財閥の経済力を強めるよう作用した。

その結末が経済格差の拡大である。改革の行き過ぎを是正するというのが、経済民主化の内容であると理解してよいであろう。

2　格差社会の内実

保守党の左旋回

二〇一二年の大統領選挙の争点が経済民主化となり、しかも両者の違いが見えにくくなったのは、保守派政党セヌリ党が進歩派よりに軸足を移したためであった。

セヌリ党候補朴槿恵の選挙公約は、セヌリ党の前身であるハンナラ党時代に批判した盧武鉉政権の政策以上に進歩的であった。それは、高齢者に対する年金増額や中小企業保護など経済的弱者に手厚く、平等よりも自由を重視してきた保守派の態度とはいえない。

朴槿恵のこの姿勢を見る限り、保守派政党でも平等を重視しなければならないほど韓国における経済格差が深刻化していると感じられる。

実際に、二〇〇〇年代の後半から、一所懸命に働いても最低限の生活を送るための収入すら得られない、ワーキングプア問題がクローズアップされる。「八八万ウォン世代」という、日本円にして月額一〇万円も稼げない若者たちを指す言葉まで流行した。なお、韓国通貨ウォンの価値は、その時々の国際金融情勢を反映して大きく変動するが、大まかにいって一円＝一〇ウォン程度と考えてもらえばよい。

韓国における経済格差の問題、言い換えれば不平等と貧困の問題がどの程度深刻なのかを、具体的な数字で確認しておこう。なお、主として利用するのはOECDが出している統計データで、特に断りがない限り、もっともデータがそろっている二〇〇九年で比べている。同データはOECD加盟国が申告したデータをまとめたものであり、統計の取り方に加盟国間でばらつきがあるので正確に国家間比較が可能なわけではないが、大まかな傾向をつかむには適している。

韓国は不平等社会か

韓国社会での不平等は国際的に見てどの程度深刻なのだろうか。〇・五は、OECD諸国におけるジニ係数を比べたものである。ジニ係数は、社会における所得分配の不平等を測定する指標としてよく用いられ、〇に近いほど格差が少なく、一に近いほど格差が大きい。一般的に社会内での不平等と政治的安定は関係しているといわれており、〇・四五を超えると危険水位であるとされる。

〇・五を見る限り、韓国における不平等さは国際的に見て際立って深刻だとはいえない。統計データが示されていないオーストラリア、メキシコ、アメリカ、ロシアを除く三一ヵ国での平均値が〇・三〇五であるのに対し、韓国はそれをやや上回る〇・三一四で、順位としても二〇位である。この数値は日本のほうが悪く、下から数えて六番目である。

なお、所得配分の不平等は高齢化によって深刻化する傾向があるといわれる。高齢者のほ

0-5　ジニ係数（可処分所得、2009年）

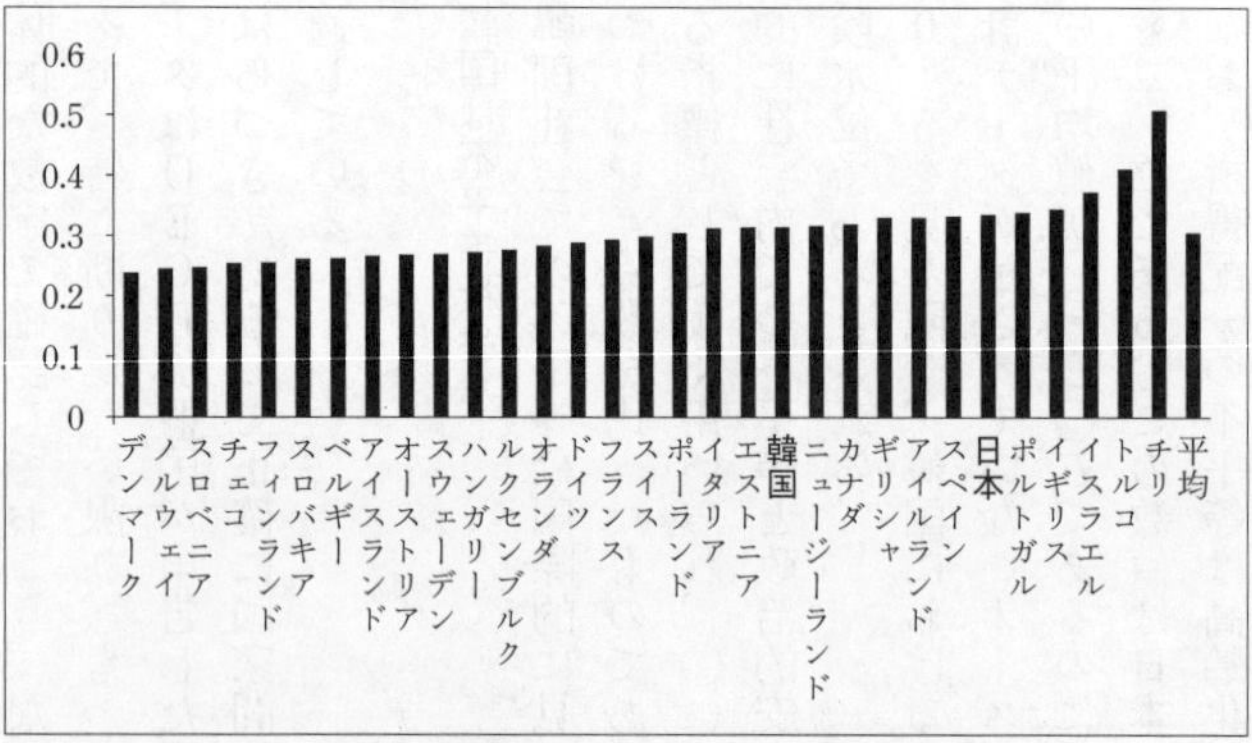

注）OECDデータベースより筆者作成

うが、所得格差は大きくなるからである。韓国は先進国のなかでは比較的若年層の多い社会であり、ジニ係数が高くないのは高齢化が進んでいないからといえるかもしれない。そこで現役層のみでのジニ係数を見ると、韓国は〇・三で、順位としては一七位である。ＯＥＣＤ平均の〇・三〇四よりやや小さく、比較すると現役世代における所得格差はむしろ少ない。なお、日本は〇・三三二で、順位は二四位と、ＯＥＣＤ平均よりかなり大きいので、不平等の程度は現役世代に限定してもより深刻といえよう。

　ジニ係数は不平等さを見るうえで重要な指標であるが、それのみでは不平等が社会的に深刻な問題であるかどうかはわからない。ほとんどの人々の所得が同じで、一％のみ極端に豊かな状態でも、ジニ係数はきわめて高くなるからだ。

　そこで次に、相対貧困率を見てみよう。0-6

0-6　相対貧困率（2009年）

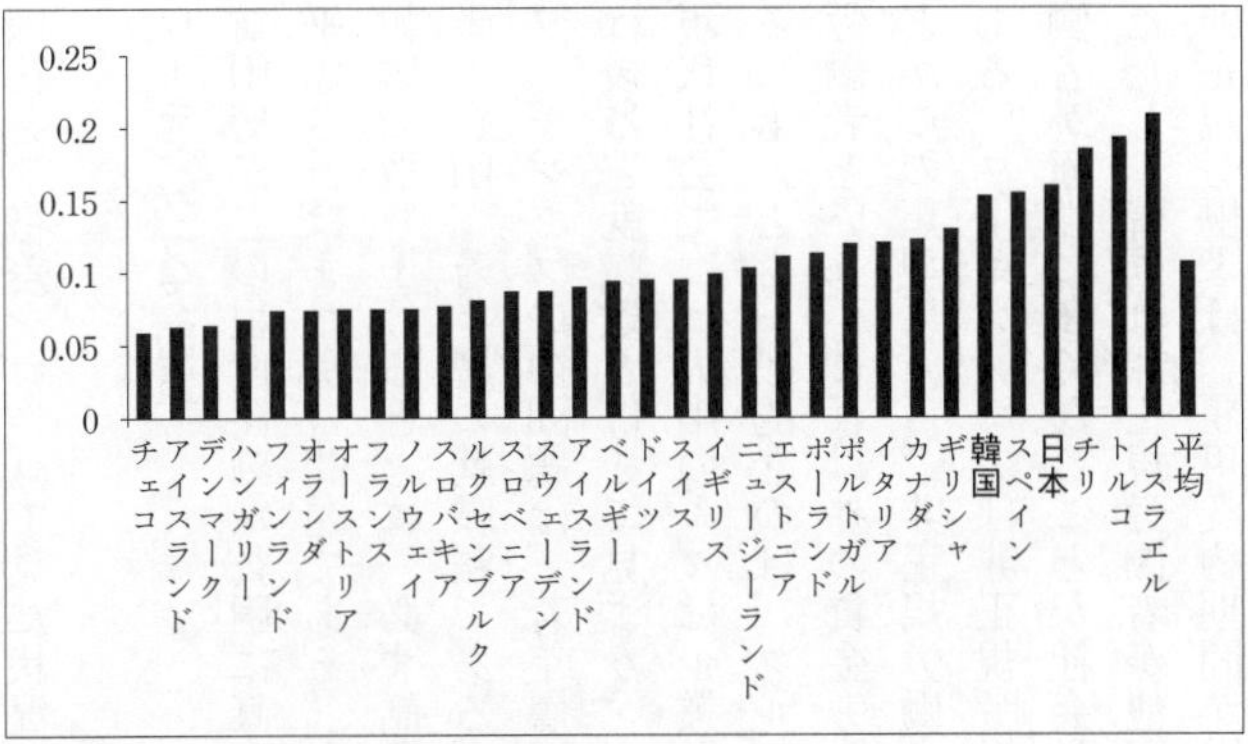

注）OECDデータベースより筆者作成

がそれである。相対貧困率とは、世帯所得をもとに、国民一人ひとりの所得を多いほうから順に並べた時に真ん中の人（メディアン）の所得の半分（相対貧困線という）に満たない人々の割合を指す。数字が大きいほど貧困状態に置かれている人の割合が大きいことを意味する。OECD諸国の平均値が〇・一〇七であるのに対し韓国は〇・一五三で、三一ヵ国中順位も二六位とよくない。ちなみに日本はさらに悪く二八位である。

　ジニ係数と相対貧困率を見る限り、韓国は、OECD諸国のなかではそれほど平等性の低い国とはいえない。だが、相対的に見て貧しい人々が少ないとはいえない。ジニ係数で韓国に近い数値の国にはエストニア、イタリア、ニュージーランドがあるが、これらは相対貧困率がほぼOECD平均程度であることを考えると、極端に不平等な部類には入らないにしても貧困層が多いというのが、韓国社会の格差をマクロで見た状況であろう。

ワーキングプア問題

貧困層がどの程度深刻な貧困に直面しているのかは、ここまで検討してきた全体としての不平等さとはまた別の問題である。もう少し論点を絞って見てみよう。貧困や不平等の問題を韓国で取り上げるときに、必ず話題になることが三点ある。それは、ワーキングプア、高齢者の貧困、若年層の就職難である。それぞれ簡単にではあるが見ていきたい。

ワーキングプアの問題は、若年層の問題と、非正規労働の問題に分解できる。若年層の問題は後ほど就職難と併せて見よう。

現代社会では、大半の人々は企業などで雇われて働いているが、その働き方はさまざまである。もっとも一般的なのは、フルタイムで雇用され、雇用契約が安定している人々で、正規労働者という。これ以外の賃金労働者が非正規労働者である。アルバイト、パート労働者などがこの類型に入る。非正規労働者は、正規労働者に比べて一般的に所得が低くなる傾向がある。ワーキングプアは非正規労働と強く関係しており、韓国では、生活困窮層で非正規労働者が極端に多くなることが社会学者の研究で確認されている。

ただし、韓国は非正規労働者が他国に比べて顕著に多いというわけではない。

非正規労働者は、雇用契約期間が限られている有期契約労働者と、一週間あたりの就労時

0-7　貧困ギャップ（2009年）

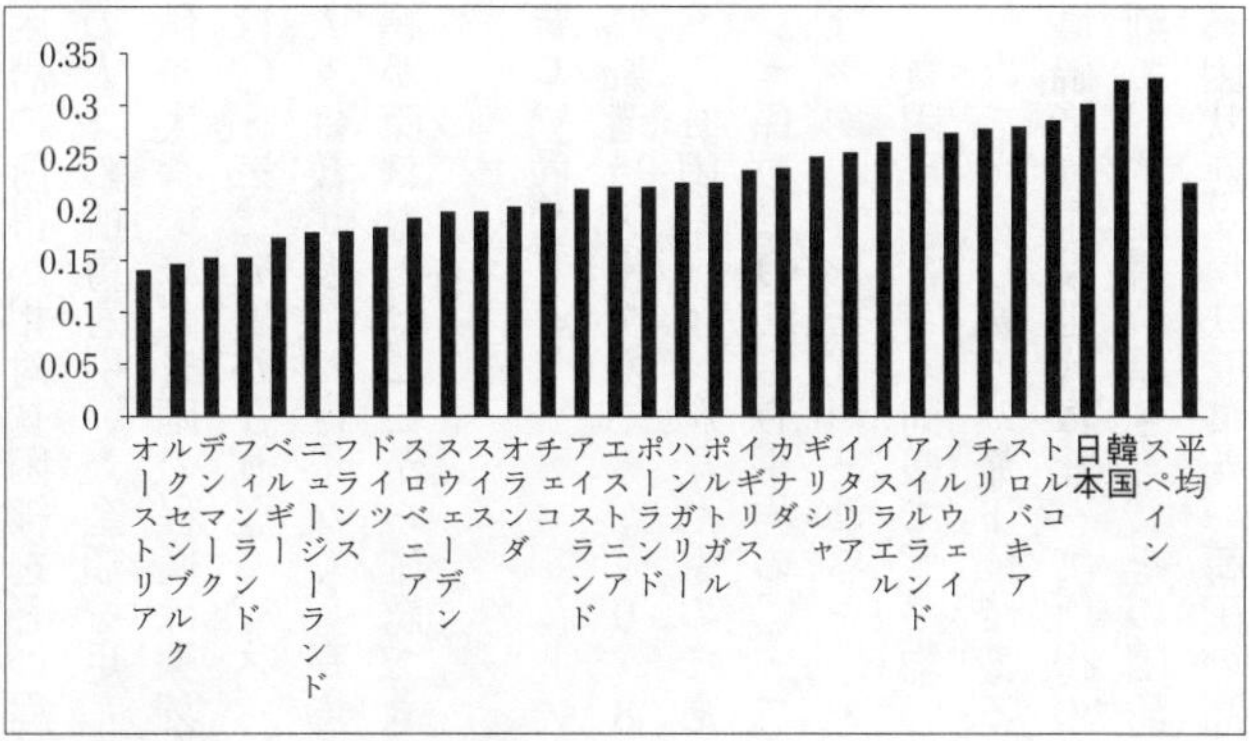

注）OECDデータベースより筆者作成

間が短い、いわゆるパート労働者である短時間労働者、派遣労働者のどれかに該当する者とされる。このうち、ＯＥＣＤの雇用データで確認できる有期労働の割合と、短時間労働の割合を見てみたところ、二〇一一年データで、韓国は有期労働の割合は二三・八％で、ＯＥＣＤ平均の一一・九％を大きく上回るが、他方、短時間労働の割合は一三・五％でＯＥＣＤ平均の一六・五％を下回る。決していいほうではないが、深刻な状況であるとはいえない。かつて、韓国では非正規労働者の割合が五割を超えるという主張が韓国の社会学者の間でなされたが、これは統計データが十分整備されておらず、各種データから推測されて出てきた誤りだったと考えられる。実際には日本とそう大きな違いはない。

　しかし、貧困層の困窮度合いは、かなり深刻である。０-７を見てみよう。貧困ギャップとは、貧困層の所得が相対貧困線をどの程度下回っているかを表した指標である。貧困線から貧困層の人々の所得を引いた金額を足し合わせて平均を求め、それを貧困線で割ったものをいう。数値が大きいほど貧困の程度は深刻である。OECD平均が〇・二二六であるのに対し、韓国は〇・三二五とかなり悪く、スペインについで下から二番目である。相対的貧困層に属する人々は数が多いだけでなく、平均してかなり貧しいということができる。ワーキングプア問題が深刻なのはここから確認できる。

貧しい高齢者

高齢者はどうであろうか。0-8は、六五歳以上の高齢者に限定して、ジニ係数、相対貧困率、貧困ギャップを見たものであるが、いずれも韓国はOECD諸国のなかで最悪に近い。ジニ係数はOECD平均の〇・二八三に対し〇・四〇五で、チリに次いで悪い。相対貧困率は平均〇・一一九のところを〇・四七で、次がチリの〇・二二なのでダントツの悪さである。貧困ギャップも同様で、平均〇・一六七のところが〇・四三五で、次のトルコが〇・三二八なので飛び抜けた最下位である。

高齢者は現役世代に比べて所得の不平等が拡大しやすいとはいえ、韓国における不平等は深刻で、貧困層の厚さも、その困窮度合いも際立っている。

貧困状態を反映してか、韓国の高齢者では六五歳を超えても働き続けている人々が多い。

0-8　高齢者の貧困国際比較（2009年）

国名	ジニ係数（所得移転前）	ジニ係数（所得移転後）	相対貧困率	貧困ギャップ
スロバキア	0.803	0.187	0.050	0.114
チェコ	0.847	0.197	0.032	0.068
ハンガリー	..	0.199	0.017	0.162
デンマーク	0.651	0.204	0.112	0.065
ノルウェイ	0.589	0.211	0.066	0.065
フィンランド	0.837	0.226	0.103	0.086
ルクセンブルク	0.813	0.230	0.033	0.258
オランダ	0.553	0.236	0.015	0.158
エストニア	0.808	0.241	0.088	0.063
ベルギー	0.828	0.243	0.111	0.116
スロベニア	0.804	0.262	0.167	0.174
ポーランド	0.784	0.263	0.105	0.153
スウェーデン	0.643	0.264	0.085	0.100
オーストリア	0.841	0.266	0.096	0.094
アイルランド	0.866	0.271	0.080	0.325
イギリス	0.624	0.272	0.084	0.151
カナダ	0.555	0.280	..	..
ドイツ	0.754	0.282	0.111	0.166
ギリシャ	0.771	0.283	0.133	0.169
イタリア	0.785	0.288	0.110	0.120
フランス	0.762	0.290	0.049	0.096
スペイン	0.790	0.293	0.158	0.138
アイスランド	0.658	0.297	0.029	0.311
スイス	0.538	0.299	0.218	0.189
日本	0.694	0.341	0.194	0.299
ポルトガル	0.806	0.343	0.127	0.144
ニュージーランド	0.715	0.367	0.125	0.055
イスラエル	0.608	0.376	0.202	0.167
トルコ	..	0.388	0.176	0.328
韓国	0.499	0.405	0.470	0.435
チリ	0.517	0.477	0.220	0.258
OECD平均	0.715	0.283	0.119	0.167

注）OECDデータベースより筆者作成

である。

二〇一一年の労働参加率は二九・五％で、ＯＥＣＤ平均の一二・七％の倍以上である。韓国を超える国は、二〇〇九年から始まるユーロ危機によって経済が破綻《はたん》したアイスランドだけである。

韓国における高齢者の貧困がこれほど深刻な理由の一つは、公的年金制度の発足が一九八八年、国民皆年金状態の達成が二〇〇〇年と、社会保障制度の整備が遅れたことにある。韓国では二〇年払い続けないと原則として年金を受け取ることはできない。つまり制度発足時に四〇歳になっていた人は、制度上受給不可能である。

そうでない場合でも、徴兵制度が存在し、二年間兵役に就かねばならないなど、若年者の就業がそもそも遅いうえ、大企業に就職しても四〇代後半になれば肩たたきが始まる雇用慣行の存在は、二〇年間年金保険料を払い続けられる人の数をさらに少なくしている。

０‐８の、課税や社会保障給付など公的所得移転前のジニ係数と、移転後のジニ係数を比較してほしい。高齢者のジニ係数は、公的な所得移転前の場合どの国でも大きく、ＯＥＣＤ平均で〇・七一五となる。韓国は〇・四九九でもっとも所得格差が小さい。ところが、移転後は下から二番目になるうえ、〇・四九九が〇・四〇五に減っただけで、所得の移転度合いは他国に比べて極端に少ない。なされていないに等しい数字なのである。

就職しにくい若年層

最後に、若年層の就職難について検討しよう。0－9は一五歳から二四歳までの若年層の有期雇用率、短時間雇用率、雇用労働比率、労働参加率をOECD諸国で見たものである。

非正規労働者の割合を表す有期雇用率と短時間雇用率そのものは、韓国はそれほど悪い数字を示していない。有期雇用率は、OECD平均の二四・六五％に対し、二七・三％とやや悪いが、平均値からそれほど離れているとはいえない。短時間雇用率は二四・四％で、OECD平均の三〇・四八％よりもかなりいいほうである。これらの数値を見る限り、若年層のワーキングプア問題は騒ぎ過ぎともいえる。

しかし、これらの数値が低いのは、若年層がそもそも労働市場に出ていないことが大きい。当該年齢人口に占める労働人口の割合を示す労働参加率は、OECD平均の四七・三八％を大きく下回り二五・五二％に過ぎない。労働市場への参加と雇用とは同じではないので、当該年齢人口に占める雇用者人口の割合を示す雇用労働比率も見てみる。それでも、OECD平均の三九・六九％をかなり下回り二三・〇五％にとどまる。

つまり、非正規労働者の割合が少ないのは、そもそも韓国の若年層が働いていないことからくる相対的なもので、若年層が就職しやすいことを示しているわけではない。むしろ、働いていないことを重視する必要がある。大学進学率の高さ、兵役などの要因が大きく影響しているが、働き先がないので働くことをあきらめているという点も大きい。

二〇一三年の大卒予定者の就職希望先が財閥系企業に集中し、うち四分の一がサムスンと

0-9　若年層の労働参加（15-24歳、2012年）　（%）

国名	有期雇用率	短時間雇用率	雇用労働比率	労働参加率
オーストラリア	6.32	43.66	60.66	68.42
オーストリア	37.16	15.80	54.92	59.90
ベルギー	34.30	20.23	25.99	31.98
カナダ	30.47	47.41	55.42	64.56
チリ		23.62	31.70	38.43
チェコ	22.31	8.34	24.66	30.08
デンマーク	22.08	62.25	57.54	67.09
エストニア	13.83	12.97	32.30	41.22
フィンランド	43.44	34.70	42.34	52.20
フランス	55.08	18.28	29.87	38.32
ドイツ	56.00	19.71	48.19	52.69
ギリシャ	30.07	16.82	16.26	29.25
ハンガリー	22.88	6.79	18.30	24.75
アイスランド	32.78	45.82	63.26	74.06
アイルランド	33.80	44.28	29.44	41.98
イスラエル		18.36	26.57	30.04
イタリア	49.86	23.99	21.39	30.18
日本	26.42	29.96	39.07	42.48
韓国	27.30	24.40	23.05	25.52
ルクセンブルク	34.52	19.49	20.70	24.87
メキシコ		24.37	41.99	46.57
オランダ	47.75	67.25	63.55	68.87
ニュージーランド		38.57	49.85	60.25
ノルウェイ	23.68	49.87	51.39	56.24
ポーランド	55.18	13.30	24.89	33.53
ポルトガル	57.22	18.07	27.15	38.83
スロバキア	18.61	7.03	20.18	30.21
スロベニア	74.48	33.13	31.54	37.42
スペイン	61.41	34.13	24.07	44.95
スウェーデン		36.82	40.81	52.84
スイス	51.54	18.70	62.94	68.18
トルコ	18.35	12.57	32.05	39.27
イギリス	13.49	38.40	50.14	62.65
アメリカ		37.75	45.45	54.97
OECD平均	24.65	30.48	39.69	47.38

注）OECDデータベースより筆者作成

なっているのは、単にブランド志向なのではなく、求人する中小企業が少ないことの表れでもあろう(『日本経済新聞』二〇一三年一〇月八日)。

何度も繰り返すが、韓国は国際的に比較してマクロに見れば必ずしも不平等な社会ではない。しかし、ワーキングプア、高齢者、若年層など近年話題にのぼっている人々に着目すれば、貧困の状況はかなり深刻だとわかる。

福祉政策の貧困

こうした不平等と貧困問題に対して、韓国政府は十分な対策をとってきたのであろうか。結論を先にいうと、政府の対策は、量的に不十分であった。そもそも、公的社会支出の絶対額がOECD諸国のなかで最低水準にとどまっている。

0-10は二〇〇五年、〇九年、一〇年の公的社会支出の対GDP比率を示したものである。韓国は常にメキシコ、チリとOECD諸国内で最下位争いを演じている。これでは、貧困層の生活水準の底上げも、高齢者の生活保護も難しい。

貧困は家族内で現在働いている人が何らかの理由で所得を喪失したときに発生する。所得喪失の可能性は、産業災害、疾病、失業、高齢によって高まるので、これらのリスク(伝統的社会的リスク)をカバーするために、労災保険、医療保険、雇用保険、公的年金が先進国であれば整備されている。さらに、これらの保険でもカバーできない場合に備えて、生活保

0－10　OECD各国の公的社会支出割合（対GDP比）

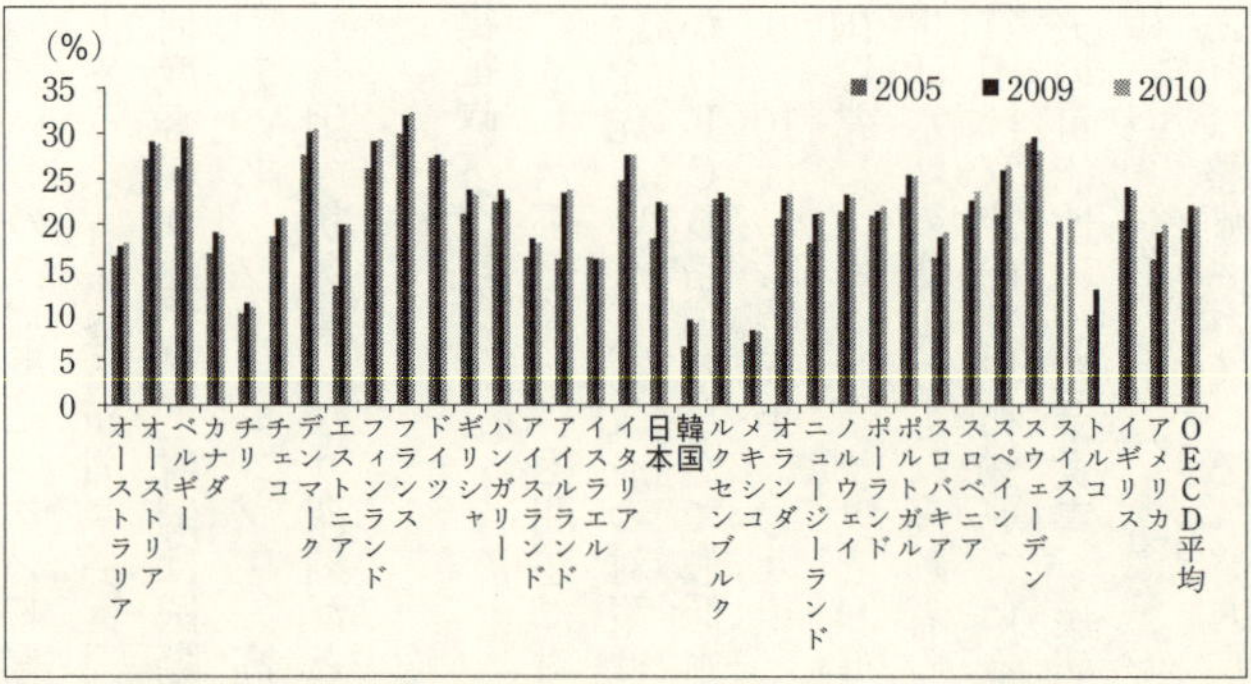

注）OECDデータベースより筆者作成

護などの公的扶助の制度がある。

韓国でもこれらの仕組みはあるが、給付水準が全体として低い。高齢者の貧困と、ワーキングプア問題は各種の社会保険と公的扶助である程度緩和できるはずだが、そうした政策が不十分なのである。

他方、近年、第三次産業従事者が就業人口の半分を超えるなど、経済のサービス化という現象がどこの先進国でも進行している。第三次産業は、第二次産業ほど高い付加価値をもたらす商品やサービスを提供するわけではないので、労働賃金の低下が生じやすい。家族形態の多様化も進行しており、シングルマザー、ワーキングプアの生活難、若年労働者の失業問題が発生している。

これらの、近年の社会の変化から生じている「新しい社会的リスク」に対しても、政府は何らかの対応をしなければならず、保育園の充実や職業訓練による職種転換などの、労働力の「再商品化」を可能にする社会政策が求められている。

その一つである積極的労働市場政策を見てみよう。労働政策は、失業手当の給付など失業者の所得保障を行う「消極的労働市場政策」と、職業訓練や職業紹介などを通じて失業者の雇用可能性を拡大する「積極的労働市場政策」に大別される。このうち後者が、「新しい社会的リスク」への対応策の代表的なものであるが、これへの韓国の予算投入額は限られており、OECD平均の半分程度にとどまっている。

伝統的社会的リスクに対する社会保障制度は、何らかの障害で思うように働けない人々に所得に替わる収入を提供することで生活を保障する仕組みなので、政策を行えば行うだけ貧困層への転落を防ぐことができる。しかし、新しい社会的リスクに対応するための社会政策は、代替所得の給付ではなく、働きやすい環境整備や働く能力の向上を目指すものなので、それを行えば問題が解決するわけではなく、政策的因果関係は伝統的社会的リスクへの対策ほど明らかではない。ただ、予算を投じれば可能なことをそもそもしていなければ、改善のしようがない。韓国では、不平等と貧困の問題を解決できていない理由は政府の政策にあるといわれても仕方のない状況が存在するのである。

不平等問題の継続性

二〇一二年末の大統領選挙で政策争点となった経済民主化は、実は韓国社会を揺るがすような不平等問題に起因したものではない。ただ、局所的に集中して発生している不平等と貧困の状況を考えると、この争点の背景に位置する問題であったことは間違いない。

しかし、なお疑問点がある。なぜそれが二〇一二年なのかである。

経済格差の問題は、今に始まったことではない。一九九七年の通貨危機の直撃を受けて、韓国経済は急速に悪化し、大量の失業者を生むと同時に、サラリーマンなど中間層の没落と貧富の格差拡大が一挙に進行した。失業者は危機が収まると同時に減っていったが、一度拡大した格差は縮小しなかった。若年層の就職難、非正規労働者の急増も二〇〇〇年頃にはすでに社会問題化していた。

もし実態としての格差が政治的に重要であれば、一九九八年に発足した金大中政権の頃から政治問題化していてもおかしくない。さらにいえば、一九八七年の民主化以前から「富益富、貧益貧（富める者はますます富み、貧しい者はますます貧しくなる）」といわれ、豊かなものの象徴として財閥は嫌われていたし、労働者の貧困はしばしば問題提起されてきた。

やはり直接の原因は李明博政権のもとでの格差拡大なのだろうか。同政権は、大統領自身が財閥系企業の元社長であるうえ、政権幹部に富裕層が多かった。大規模土木事業の展開やFTAの推進、法人税引き下げなど豊かなものをより富ませる政策を行ってきた。そのような政策の結果として格差が拡大したのだろうか。

簡単に確認してみよう。0‐11は一九九〇年から二〇一二年までの所得配分の不平等さを

0－11　所得階層の変動とジニ係数の推移

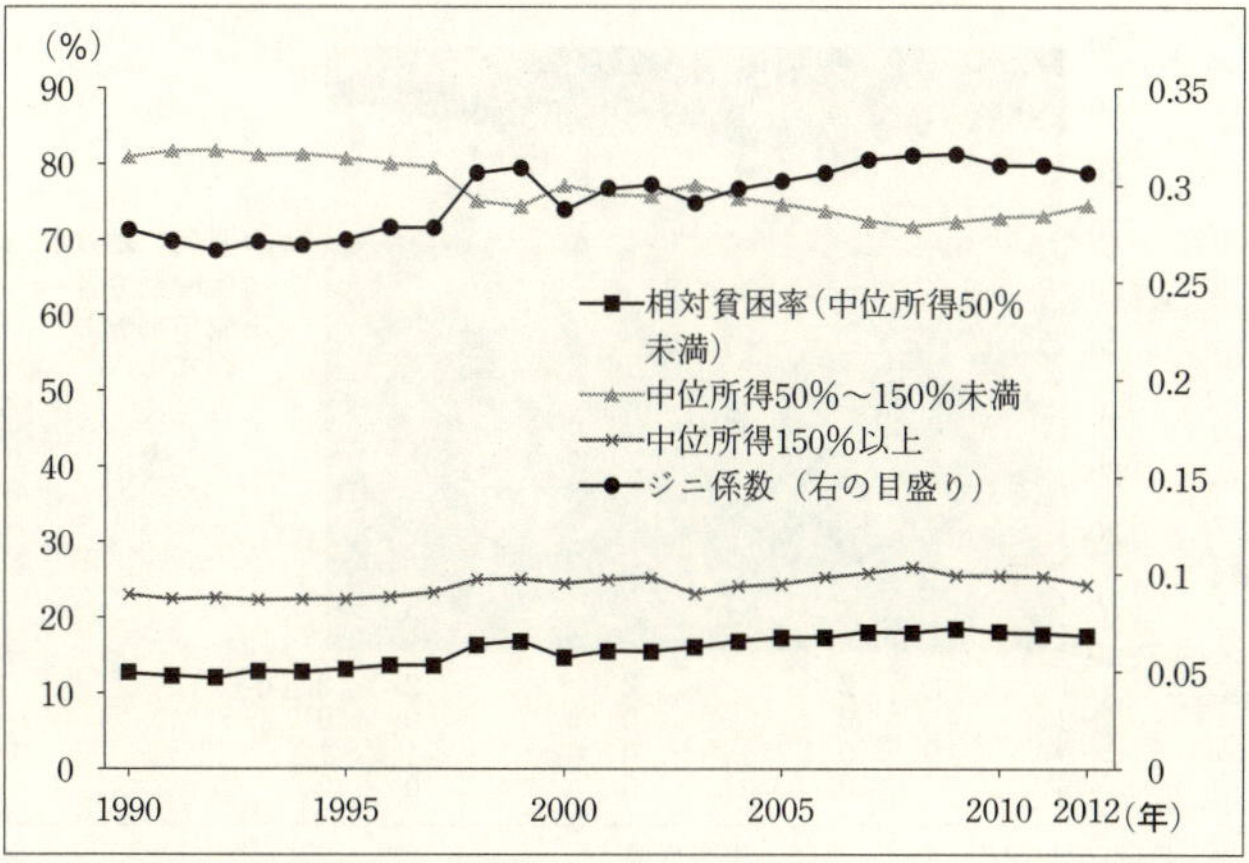

注）韓国統計庁データベースより筆者作成

検討するため、ジニ係数、相対貧困率、中間層比率、高所得者層比率の経年変化を追ったものである。なおデータは韓国の統計庁のものを用いる。一九九七年の通貨危機前後の違いを明らかにするため、統計データのある都市部居住の二人以上世帯を使用している。中間層とは、ここでは中位所得の五〇%から一五〇%の所得を有するもので、高所得者とは一五〇%以上の所得を有するものと定義しておく。

四つの数値の変化は一致していて、通貨危機の翌年である一九九八年が大きな画期をなしており、ジニ係数、相対貧困率、高所得者層は急上昇し、中間層は急減した。その後、二〇〇〇年頃一時的に改善するが、再び悪化し、二〇〇八年、〇九年に最悪値を示す。しかしその後すべての数値は改善し、二〇一二

0-12　賃金勤労者の内訳推移

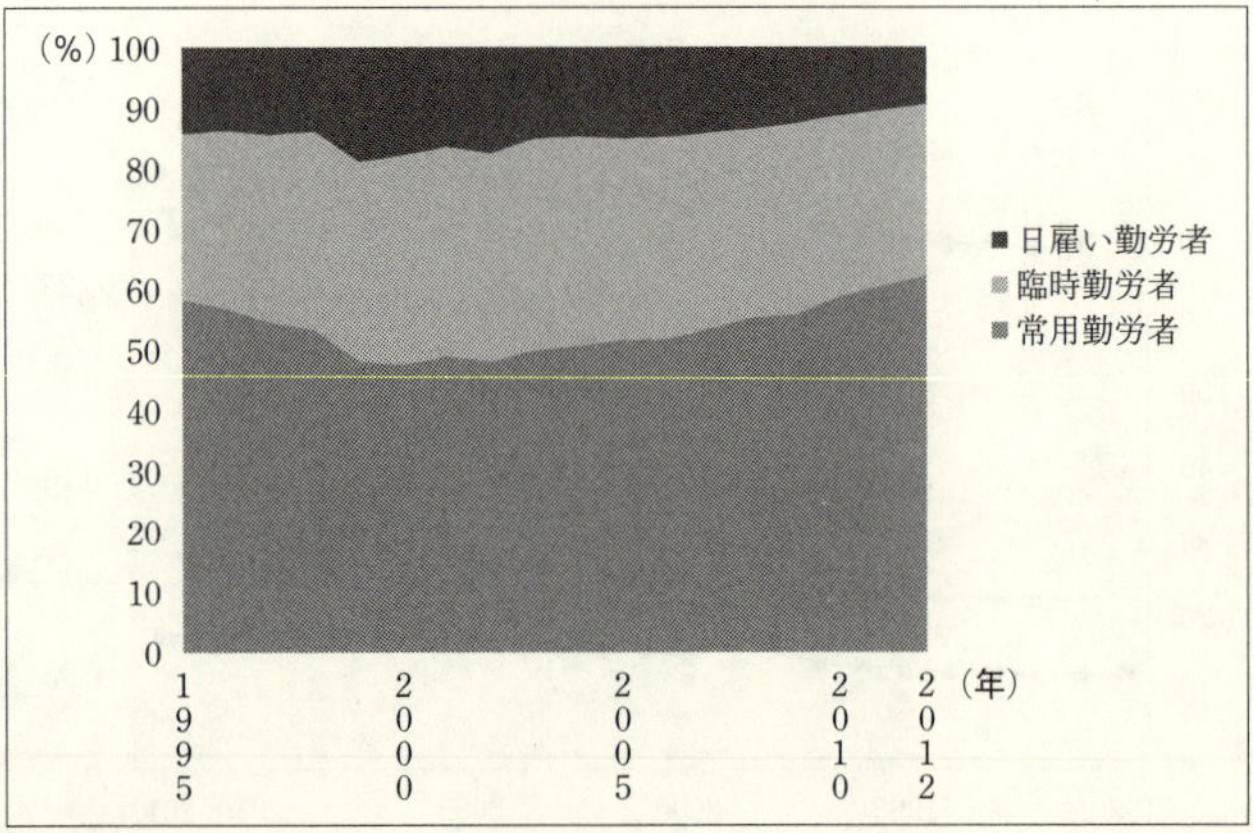

注）韓国統計庁データベースより筆者作成

年を迎える。

二〇〇八年はリーマン・ショックによって世界的規模で経済が悪化した時期であり、このときに最悪値というのは理解可能である。より重要なのは、すべての数値が二〇〇〇年以降、二〇〇八年まで悪化を続け、その後改善していることである。李明博政権下で経済格差が広がったというのは言い過ぎであって、リーマン・ショックにもかかわらず悪化を食い止めたというべきである。

非正規労働者の数についても、同様のことがいえる。0-12は韓国における賃金労働者の内訳が通貨危機前後以降どのように推移したかを示している。統計庁のデータは、正規労働者を意味する常用勤労者と、非正規労働者を意味する臨時勤労者、日雇い勤労者に分けられている。正規労働者は通貨危機以前六割近かったが、危機で五割を割り込むまでになる。しかしその後回復し、二〇一二年は六割となっている。非正規から正規への回復傾向は一貫していて、李明博政権期も非正規労働者の割合は減り続けている。

二〇一二年に経済民主化が争点になったことに、格差問題の拡大という経済の実態変化が影響しているのは確かであろう。ただしそれは間接的で、もっと早く争点になっていても不思議ではなかった。二〇一二年はむしろ格差縮小の時期であったことを考えると、実態の変化というよりも言説の点で何か変化があったというべきであろう。

しかし、この十数年の変化でより重要なのは、金大中と盧武鉉の政権が、なぜ格差の拡大を食い止めなかったのかである。両政権は進歩的な性格を有しており、弱者の痛みに敏感であったはずである。格差の拡大もわかっていたはずである。それを食い止めたのが、彼らではなく保守派の李明博政権であったとはアイロニカルですらある。

3　本書の問いと構成

本書は、開発途上国を卒業し、先進国になった韓国が、先進国であるがゆえの問題に直面し、苦悩している様子を描き出す。課題とするのは次の二点である。

一点は、政府などの公的部門の領域を縮小させ、民間部門の役割を増大させる新自由主義的改革の進展である。とりわけ、象徴的なのが世界の主要国との貿易自由化戦略の積極的展開である。日本が足踏みするなかで、韓国がアメリカやEUとのFTAを進めてきたのはなぜか、それがなぜ可能であったのか。

もう一点は、その新自由主義的な改革を推進したのが、一九九八年から一〇年間続いた、金大中、盧武鉉という進歩的な政権であったことである。進歩派は保守派と異なり、国民の間に格差が広がることを懸念し、政府の介入によって市場機能の是正を図ろうとするのが通例である。弱者の痛みを和らげ、公平で人々が繁栄を分かち合う社会の実現を望むはずである。その進歩派政権が、なぜ弱肉強食の世界を招きかねない新自由主義的改革を推進したのか。

本書は、金大中、盧武鉉、李明博三代にわたる政権の経済政策・社会保障政策の展開を検討し、これらの問いに対する答えを示していきたい。

本書の問いをより明確にするために、本書がチャレンジする通説的見解をここで整理しておく。韓国で経済格差が深刻化したのは、根本的にはアジア通貨危機の際に韓国に緊急融資を提供したIMFが韓国に強要した新自由主義的改革による。市場への政府の介入を最小限にとどめ、市場原理の貫徹を重視する新自由主義的改革の結果、韓国経済では競争が激しくなり、生産性が向上したため再び韓国経済を浮上させ、先進国へと羽ばたかせた。

しかしながら、競争は優勝劣敗を引き起こさざるを得ず、経済格差をも生み出した。金大中政権は、本来は進歩的であったが、IMFの強要でやむを得ず改革を行い、進歩的な政策を封印した。続く盧武鉉政権も同様であった。以上が通説的な見解である。

このような見解が正しいとしよう。それでは金大中、盧武鉉は、彼らを支持した人々にとって裏切り者でしかなくなる。彼らが、改革の結果自らの支持者が没落していくのを指をくわえて見ていたとは想像しがたい。新自由主義的改革が原因なのであれば、改革の行き過ぎを自ら是正しようとするのではないか。IMFが本当に強要したとしても、その期間は韓国がIMFからの借金を返し終える二〇〇〇年までであって、それ以降もIMFに付き合う必要はない。

また、不平等が拡大したならば、社会保障を充実させればいいはずである。公的社会支出でチリやメキシコと最下位争いをしなければならないほど韓国は財政的に苦しいわけでもなく、国民負担率も他の先進国に比べてはるかに低い。なぜそれもしなかったのであろうか。

通説的見解について、筆者はまったくの誤りであると考えているわけではない。しかしこの見解が正しいというためには、なぜ新自由主義的改革を是正しなかったのか、それどころかFTAをはじめとしてむしろ改革を推進したのはなぜか、社会保障を充実させなかったのはなぜか、という疑問に答える必要があるのである。

この疑問への回答のヒントとなるのが、本章で検討した、経済民主化とイデオロギー対立である。この二つの要素が本書の謎解《なぞと》きの縦糸と横糸になる。

本書は以下のように構成している。

第一章では、金大中政権の政策展開を、経済改革、社会保障改革に分けて説明する。ここで、金大中政権は、IMFの指示通りに新自由主義的改革を行ったわけではないことを示す。曲がりなりにも韓国が、所得保障や社会サービスを国民の権利として認め、国家がその供給に責任を持つという意味で「福祉国家」化したのは、金大中政権の改革によるものである。また、金大中は経済の自由化と社会保障改革をパッケージで考えており、彼のなかでは矛盾していなかった。社会保障に関して制度改革は進んでも量的充実が伴わなかったのは、進歩派と保守派のイデオロギー対立のためであった。両派を妥協させる社会協約の破綻が大きな意味を持った。

第二章、第三章では、盧武鉉政権の政策展開を検討する。「参与福祉」と銘打った彼の社会保障政策は、福祉を、労働力を「再商品化」し、生産性を向上させるための投資と考え、経済成長と両立できるとして推進しようとした。しかし、それには保守派が反対したうえ、同時に推進した地方分権改革や参加民主主義の制度化の結果、かえって福祉需要の表出が抑制され、社会保障の充実がなされないという逆説が発生した。盧武鉉の社会保障政策は、「草の根保守」に絡め取られてしまったのである。

特に第三章では、盧武鉉政権の米韓FTA推進過程を検討し、進歩派政権が経済自由化を推し進めた理由を説明する。盧武鉉が描いていた国家像は北欧型の福祉国家で、企業の経済活動の自由と手厚い社会保障は両立するものであった。しかしこの構想は彼の支持者である進歩派に理解されず、アメリカとの合意に持ち込みながらも協定発効には至らなかった。

第四章では、李明博政権の経済社会政策の展開を検討する。同政権は、二代続いた進歩派政権へのアンチテーゼとして経済政策を展開しようとした。社会保障政策は、進歩派政権のもとで形成された社会民主主義的な制度をアメリカ的で自由主義的なものに変えようとしていたし、韓国版の「列島改造論」である大運河計画を打ち出し、大規模な公共事業を行い、国家権力による物価統制も検討するなど、権威主義時代に先祖返りしたような開発主義的な政策を行おうとした。しかし、与党内に反主流派を抱え込んだうえ、進歩派の反撃にあい、結果的には盧武鉉政権の政策を引き継ぐことになる。

第五章では、第四章までの議論を整理したうえで、なぜ二〇一二年の大統領選挙で保守派の朴槿恵が進歩派の盧武鉉政権の政策を継承するような福祉国家構想を打ち出すことになったのか説明する。制度的には社会民主主義的だが量的充実を伴わない韓国福祉国家のあり方は、ある意味で一つの政治的均衡点であった。福祉が政党間の争点になり、福祉政策を競い合うのは韓国では初めての局面である。このことが経済格差に韓国政府を正面から立ち向かわせることになるのか、言い換えれば韓国が普通の先進国としての「憂鬱《ゆううつ》」を抱え込むことになるのか、関心が持たれるところである。

第一章　誤解された改革――金大中政権の経済・福祉政策

一九八七年に韓国が民主化して一〇年後の一九九八年二月、金大中政権は、進歩派の人々から大きな期待を受けて登場した。金大中大統領は、民主化以前の時代に当時の独裁政権に抵抗して民主化運動の先頭に立ったリーダーで、歴代政権から容共左派として警戒されてきた。野党時代に彼が行った演説や論文には社会民主主義的な主張があり、それまでの政権が敵対してきた北朝鮮にも融和的であった。一九九七年の大統領選挙でも、庶民や中小企業で働く人々が楽しく暮らせる経済を実現するのだと主張していた。

ところが、政権が始まってみると、金大中は進歩派の期待と異なり、新自由主義的としか思えない経済改革を次々と断行する。この政権を境に、韓国の経済は大きく変貌《へんぼう》していく。以前は外国企業の進出に不寛容で、国内産業がさまざまな規制によって保護されていたが、金大中政権以後、金融市場をはじめとして規制が緩和され、対外開放が大幅に進んだ。その一方で急速に拡大したのは経済格差であった。

一九九七年末に韓国を襲った通貨危機は、経済を不況に陥れ、失業者を急増させた。しかし、危機の収束はその深刻さの割に早く、二〇〇〇年には完全に抜け出し、失業率も改善した。ただ、非正規労働者は増加したままであった。若者の就職が難しく、相対的貧困率も悪化していた。拡大した経済格差は、金大中政権が新自由主義的改革を行った結果、労働市場がアメリカのようになってしまったことの結果なのだと見なされ、味方であった進歩派の失望と批判を買うことになる。

他方、保守派からの金大中政権への評価も高くない。保守派は同政権を左派政権であったとし、通貨危機からの早期の脱出は評価しつつも、その後の経済低迷の原因を経済改革の不十分さに求めるからである。

進歩派には裏切られたと思われ、保守派には不十分と評価される金大中政権は、何を目指した経済政策を行ったのであろうか。そして、それは実現できたのか。できなかったとしたら実現を阻んだものは何か。その結果、何が韓国の経済社会にもたらされたのであろうか。本章ではこれらの疑問を解いていこう。

1　通貨危機

地域主義の影響

はじめに、金大中大統領が登場する政治的・経済的背景を説明しよう。金大中は、朝鮮半島南西部に位置する湖南地域出身である。この地域出身で大統領になったのは彼だけで、その他の大統領は、初代の李承晩《イスンマン》を除いて朝鮮半島南東部の嶺南地域出身であった。

湖南地域と嶺南地域という二つの地域の対立は、民主化以降の韓国政治の基本的な枠組みを決め続けていた。それは、「地域主義」と呼ばれる。少し説明しよう。

大統領制をとる韓国は、日本とは異なり行政府の長である大統領と、立法を担当する国会の議員双方を国民が直接選挙で選出する。一九八七年以降、大統領は五年おきに、国会議員は四年おきに選挙で選出されている。

地方自治体では、権威主義時代は議会もなく、首長も官選であったが、一九九二年に地方議会が設置され、一九九五年に首長公選制が実現して地方自治が本格的に復活して以降、地方の議会議員・首長も統一地方選挙で一斉に改選されるようになった。同じ選挙といっても、立法府と行政府、中央政府と地方政府とでは争点が異なるのは当然であり、有権者の投票行動も同じである必然性はない。しかし、これらの選挙すべてを通じて観察されるのが「地域主義」であった。

「地域主義」とは、韓国においては、特定の地域を排他的な支持基盤とした政党が、選挙で当該地域出身者の票を集める構図をいう。湖南地域居住者と出身者は湖南政党のみに投票し、嶺南地域居住者と出身者は嶺南政党のみに投票する。韓国の政党システムは、こうした地域主義を特徴とする政党で構成されてきた。

金大中は、地域主義に彩られた対立の構図から登場した政治家であった。直接的な関係は薄いかもしれないが、地域間対立の背後には、湖南地域に対する差別感情もあったといっていい。

関連して筆者の経験を少し語ろう。一九八七年、民主化後初となる大統領選挙の最中、当時大学生であった筆者は、学部のゼミ旅行で韓国を訪ねた。ゼミを担当していた先生と、韓国の二人の先生方と同席して、ある比較的規模の大きな喫茶店でお茶を飲んでいた。政治学者同士であるため、勢い大統領選挙に話が及んだ。そこで興味本位ではあるが、選挙結果の予測を尋ねたところ、二人の韓国人の先生は口を閉ざしてしまった。後で理由を尋ねたところ、次のような答えが返ってきた。喫茶店の店員のような、韓国ではどちらかというと社会的地位の低い職業には湖南地域の人々が就いていることが多い。それだけに、軽々に選挙の予測など語ることは難しいのだ、と。

彼らの反応はやや敏感すぎるきらいがある。とはいえ、当時の韓国人の意識のなかで、金大中の支持基盤である湖南地域は社会的に差別されており、出身地から離れてソウルにいても、出身地ゆえにいい仕事には就けないと考えられていた。

つまり、地域間の対立は、社会的階層間対立の色彩も帯びていた。もちろん、湖南地域出身者がすべて下層階層にいるわけではないし、下層階層にいる人がすべて湖南地域出身者というわけではない。しかし、地域から階層を連想し、それを韓国社会では明らかに上層に属する大学教授が懸念して言動に気をつけるという状況は存在したのだ。

金大中大統領の誕生

こうした地域を地盤とする政党のボスであった金大中に対する、社会的エリートからの警戒心は一般的に強かった。彼には民主化以降行われた、一九八七年と九二年の大統領選挙で湖南地域の有権者の実に九割以上の票を得るという、熱狂的支持があった。

だが、金大中の北朝鮮への態度や、社会民主主義的な経済政策の主張などは、歴代政権の方針と相容れないものがあった。それゆえ、彼には共産主義を意味する「パルゲンイ」(アカ)のレッテルがついて回った。

金大中

地域主義は金大中に強固な地盤を提供したが、同時にそれは集票上の彼の限界を設けることにもつながった。湖南地域の人口は嶺南地域の半分に過ぎず、この地域だけで政権に近づくことは不可能である。そのために、民主化後過去二回の大統領選挙で、彼は連敗していた。

しかし、一九九七年に行われた大統領選挙では、二つの異例が重なり金大中が勝利した。

一つは、第三の地域政党である忠清道《チュンチョンド》政党のボスである金鍾泌《キムジョンピル》との提携が成功したことである。金鍾泌は、金大中と厳しく対立した朴正熙《パクチョンヒ》政権のナンバー2であり、イデオロギーも保守主義であったため、金大中との連携は不可能であると考えられていた。だが、金鍾泌も大統領選挙に意欲を示していたものの、自らの政党だけでは到底当選には及ばない。金大中は、金鍾泌の年来の主張である議院内閣制への改憲に理解を示すことで、彼の支持を取り付け、大統領に当選したあかつきには彼を政権ナンバー2である首相の地位に就けることも約束した。二位三位連合の成立である。

この提携で、金大中は忠清地方の票を期待できるようになり、嶺南政党の候補者と対等に渡り合える素地ができた。さらに、左派的なイメージを薄め、社会主義に対する警戒心を和らげることに成功する。

もう一つは、大統領選挙に重なる形で生じた通貨危機である。一九九七年一一月、韓国は外貨準備高が底をついた。日本同様、資源エネルギーを海外に依存する韓国にとって、輸入に必要な外貨はとても重要である。加えて、国際決済通貨としての地位を確立している日本の円とは異なり、韓国通貨のウォンでは外国との取引はほとんど不可能だ。たまらず韓国政府はIMFに救済金融を申請した。

韓国通貨ウォンは暴落し、アメリカドルに対して半値になり、輸入品の代金支払にも事欠くなど、対外債務不履行目前にあった。そのため、危機克服への政策対応能力が、予想外の重要な選挙争点として浮かび上がったのである。金大中は浦項《ポハン》製鉄（現POSCO）の創業者として著名で、忠清道政党のナンバー2であった朴泰俊《パクテジュン》との提携を強調し、通貨危機への対応能力の高さをアピールした。そのことが結果的には金大中に有利に働いた。この危機だからこそ彼の指導力に期待しようとの声は、選挙の際に盛んに聞かれた有権者の評である。

アジア通貨危機

一九九七年の通貨危機の本質は、金融危機である。とりわけ次の三点が危機の国内要因として取り上げられた。

第一は、銀行をはじめとする金融機関が莫大《ばくだい》な対外債務を抱え込み、返済不能に陥ったことである。

第二は、金融機関が資金を供与していた多くの企業が経営破綻したことである。設備投資のために貸し付けた資金が企業から回収不能に陥り、金融機関が大量の不良債権を抱え込んでいた。

第三は、金融機関と企業間の取引の不透明性である。韓国の金融市場は高い参入障壁のために外資の参入が困難なだけでなく、経営情報の公開が不十分で、適切な経営が行われているかどうか不明であった。救済融資を行ったＩＭＦも経済改革としてこれら三点の是正を要求した。

大統領選挙に当選した一九九七年一二月一八日から、実質的に経済政策の主導権を握った金大中は、非常経済対策委員会を指揮しながら、通貨危機からの脱出に向けて経済政策の調整を行っていく。ただし、このときの韓国政府には政策選択の余地はほとんどなかった。金融政策はＩＭＦとの協議のもと、基本的にはＩＭＦの方針に従う形で形成されていたからである。

ここで重要な問題は、政策選択の余地がないといってもＩＭＦが提示する政策が、短期的には利害関係者はもとより、それ以外の国民からも人気を獲得できるようなものではなかったことである。

ＩＭＦの提示する政策は、主として財政緊縮、高金利を軸としたマクロ経済政策と、経営の悪化した金融機関の退出と経営責任の追及、厳格な金融監督制度の整備などであった。こうした政策が失業者の急増と信用収縮を引き起こすことはまず間違いがなく、通常、到底国民から支持を受けることができない。それゆえ、ＩＭＦプログラムの執行にはそれを可能にするだけの政治的基盤を必要とする。しかし、新政権は議会では少数与党で、制度的な基盤を欠いていた。

労使政委員会の設置

金大中が政治的支持基盤の醸成と政策の安定的執行のために構想したのが、コーポラティズム的な社会協議体の設置による問題の解決であった。コーポラティズムとは、労働者の代表と使用者の代表、政府代表が経済政策を協議する場を設けて、三者協調して合意点を見出し、その結果を政策として実施する意思決定メカニズムを指す。金大中はこうした仕組みを作ることで経済的困難を解決しようとしたのである。

韓国では一二月の大統領選挙当選者が公式に大統領となるのは翌年二月で、執務するのは二ヵ月あまり先だ。しかし、経済危機のさなか、金大中は二月を待つわけにはいかなかった。彼は大統領当選者の諮問機関として、一九九八年一月一五日に第一次労使政委員会を設置した。この委員会がまさにコーポラティズム的な協議体であった。委員会は私的な機関ではあったが、日本の財務相に相当する財政経済院長官をはじめとする行政のトップと、金大中の側近を含む政党指導者、使用者代表、労働組合代表を含み、労働問題に限らず構造調整問題までも含む経済問題の全般的な解決を目指した。

ここでの合意に法的拘束力はなかったが、労使政三者の代表を含むため事実上の政治的拘束力を有していたのである。金大中は経済危機が国民に与える「苦痛の分担」を訴える。

その際に特に重要であったのは、労働組合の参加である。韓国の労働組合には、大きく二つの中央組織がある。一つは韓国労働組合総連盟（韓国労総）で、もう一つは全国民主労働組合総連盟（民主労総）である。労働組合は金大中にとって重要な支持基盤であった。韓国労総は大統領選挙の際に金大中を支援した。民主労総は別の候補を立てて選挙活動をしたものの、かつては協調したこともあり、金大中政権がこれまでの政権よりは労働者よりであることを認識していた。

いわば身内であるはずの労働者に対し、一番苦痛を強いたのがIMFプログラムである。IMFは労働市場の柔軟性確保を要求していた。また、通貨危機で経営難に陥った金融機関の再建を行うためには、金融機関の抱える余剰人員を解雇可能にする必要があった。いずれについても労働組合の同意が重要であった。

労働組合側も、労働市場の柔軟性問題が焦点の一つになることはわかっていた。労働組合にとって重要であったのは、短期的には労働者を使用者の都合で解雇することを認める整理解雇制の導入回避で、長期的には労働組合の政策形成過程への参加と労働基本権の強化であった。労働組合側も経済危機のなかでは整理解雇制導入を完全に回避できるとは考えていなかったが、それが中心的な課題になることが容易に想像できる労使政委員会への参加には躊躇《ちゅうちょ》を示していた。

だが、韓国労総は一九九八年一月九日、不良金融機関に限って整理解雇を許容するという条件を付けて委員会への参加を表明した。これ以降、交渉は進展し、労使政委員会が発足する。

経済発展をめぐる「囚人のジレンマ」

労使政委員会による政策調整は、労働者と使用者の間に拘束力のある協約を結ばせ、利害対立を緩和し、両者にWIN-WINの関係を築かせようとするものである。

一般に、労働者と使用者は労働市場のあり方をめぐって対立的な関係にある。労働者は雇用の保障と賃上げなど雇用条件の改善が好ましいのに対し、使用者は逆に、生産状況に応じて自由に雇用を調整できるなど、労働市場の柔軟性を好ましいと思う。もうひとつ労働条件との関係で重要なのが社会保障である。労働者は疾病、高齢、失業など所得を喪失した場合に備えて社会保障の充実を求めるが、使用者はそれを充実させるために必要な負担を嫌がる。両者の対立関係は資本主義社会では普遍的に見られるが、韓国でもこのとき両者は鋭く対立していた。

経済危機への処方箋《しょほうせん》としてＩＭＦが示したプログラムは、労使双方に短期的には痛みをもたらすが、長期的には危機の打開を可能にする改革パッケージであった。一九九七年一二月の、韓国政府とＩＭＦとの第三次合意内容に示されたところでは、ＩＭＦは、一方では解雇条件の緩和や派遣労働制導入など、労働市場の柔軟性付与という、労働者にとっては望ましくないが使用者にとっては望ましい政策を要求した。しかし他方で、ソーシャルセーフティネットの整備およびその一環としての労働基本権の確立という、労働者にとっては望ましいが使用者にとっては望ましいとはいえない政策も要求していた。

この二つがともに実現すれば、使用者は過剰な労働力を整理して業績を改善できる一方で、労働者も、仮に雇用を失っても所得が保障され、成長産業への転職が可能になるので、労使双方に望ましい結果をもたらす。

しかし、使用者にとっては後者の実現は社会保障負担の増加を意味するので避けるべきであり、また労働者にとっては前者の実現は解雇や労働条件の悪化に直面するので避けるべきである。それゆえ、使用者は社会保障改革に反対し、労働者は労働市場改革に反対するので、いずれの政策も実現せず、結果的に韓国経済が危機から脱しにくくなる。これが経済危機をめぐる「囚人のジレンマ」と呼ばれる状況である。労使政委員会は政府が双方の政策実現の保証人となり、労使双方の状況を改善させるパッケージ改革を約束することで、「囚人のジレンマ」状況を抜け出し、経済危機を克服する枠組みであった。

労使政委員会は、実際に、包括的な経済改革への合意を「社会協約」としてまとめることに成功した。すなわち、構造調整や、整理解雇制の部分的導入を可能にする労働市場の柔軟性付与など使用者側にとって重要な改革と、雇用保険の適用範囲の拡大や、各種社会保険の運営への労使代表の参加、医療保険の一元化、国民皆年金体制の実現など、労働者にとって重要な社会保障制度の拡充を一括合意したのだ。

通貨危機という国家的難局に対する労使協調しての対応は、オランダ病と呼ばれる長期経済停滞に陥ったオランダが、一九八二年に行った政労使合意(ワッセナー合意)に相当するものであった。社会的連帯の重視、政府介入による貧困・失業問題の解決といった点も、社会民主主義的な色彩を強くにじませていた。

労使政委員会での社会協約は、金融改革と社会保障制度改革を大幅に推し進めることになった。社会保障制度改革は次節で説明するとして、ここでは金融改革を簡単に見ておこう。

初期金融改革

金融改革の第一は、通貨危機の直接のきっかけとなった、経営破綻した金融機関を処理することであった。

海外の投資家から韓国が不信感をもたれていた最大の理由は、金融機関の不健全性を政府が隠蔽《いんぺい》し、金融機関を破綻させないように支援しているという疑いにあった。金融機関の破綻が韓国通貨の暴落につながったのは、両者が一体として見られていたことが大きい。実際に金融機関と政府は強く、しかも不透明なつながりがあった。

不信感を払拭《ふっしょく》するためには、金融機関の経営情報を公開し、破綻すべき金融機関は破綻させる処理が必要とされた。しかし、金融機関の処理は、失業と貸出先企業の連鎖倒産を呼び起こす。それゆえ、労働組合からの支持調達が必要であった。労使政委員会でこの点で合意を引き出した政府は、果敢に破綻処理を行うことができた。

はじめに行われたのは経営が破綻した二行、第一銀行、ソウル銀行の処分である。ＩＭＦは閉鎖による早期処理を考えていた。これに対し政府は、海外に売却すれば、対外信認度回復と、政府負担軽減、金融産業競争推進に役立つと判断した。特に、韓国は企業と政府が癒着しているという批判を海外から受けてきたので、銀行の海外売却は金融改革に対する政府の確固たる意思を見せることができる。

一九九八年一月、中央銀行である韓国銀行は両行を不良金融機関と決定し、減資命令を議決、政府と、日本の預金保険機構に相当する預金保険公社に対して出資を要請した。九八年二月、両行は六月末までに自己資本比率八％を達成する経営正常化計画を銀行監督院に提出し、承認を受けた。これによって九八年三月には早期に海外売却の方針が決定した。

通貨危機の元凶とされたノンバンクの一種である総合金融会社の処理も迅速に行われた。韓国政府は一九九七年一二月に緊急措置として、預託金の一斉引き出しで大混乱に陥った総合金融会社九社を年末まで営業停止にした。次いですべての総合金融会社に対し、年末までに「経営正常化計画」を提出させて、自己資本比率を九九年六月までに八％にできるか否かを審査することにしていた。その結果、一九九八年二月、総合金融会社一〇社の認可を取り消した。

なお、この当時総合金融会社の検査監督は、日本の財務省に相当する財政経済院が行っていたが、財政経済院には三〇社あった総合金融会社の経営状態を審査する能力はなかった。韓国銀行の傘下機関で、すべての銀行を監視・監督している銀行監督院の助けを借りたとはいえ、これほどの短期間で財政経済院が審査を正確に行えるわけがなく、迅速性を優先したのであろう。このため、若干危うさを伴う手続きであり大量整理であったが、予想される労働組合の抵抗はほとんど生じなかった。

社会協約の喪失

ところが、一九九八年二月の臨時国会をきっかけに、労働組合は労使政委員会から距離をおくようになる。労働基本権の強化や社会保障制度改革など、政府が約束した成果を得ることができず、整理解雇制だけを押しつけられることになったためである。労使政委員会は機能を喪失しはじめた。

二月、大きな改革の枠組みとなる「経済危機克服のための社会協約」で労使政委員会が合意した。ところが、国会がこの合意をそのまま受け入れず、労働者に不利な方向で労働関係法の改正を行った。憤慨した民主労総はこれを非難し、次いで、民主労総代議員大会は「社会協約」自体も否決した。労働組合は、当初金大中が唱えた「苦痛の分担」がなされず、労働者にのみしわ寄せがいっていると非難した。

三月、金大中政権は労使政委員会を政府の一機関とした。しかし、新しい労使政委員会の発足は、労働側の反発と非協力により六月まで持ち越された。また、委員会は性格が変化し、政府・政党からの参加者の代表性が薄らいだため、第一期のような実質的に意味のある政策調整機能を持たなくなった。労使政委員会が社会協約機構としての機能を喪失して以降、金大中政権は金融構造調整をほとんど行えなくなり、経済政策も迷走を始める。

労働組合は以降、政府が進める構造改革に協力しなくなった。それが表面に出たのが、第一次構造調整である。一九九八年六月、企業と銀行の構造調整を積極的に推進することを再確認した政府は、第一次構造調整に動いた。政府は通貨危機に陥り、ＩＭＦの構造調整プログラムを受け入れた他国と同様、構造調整を主導する機関を作る。これが金融監督委員会である。

四月に発足したこの委員会は、不良銀行の合併を誘導し、いくつかの優良銀行を中心に銀行産業再編を推進しようと考えていた。だが、この方針は中旬以降、不良銀行の整理に転換した。外国人投資家からの信頼を回復するためには迅速な問題の処理と目に見える成果が必要であった。それを行うのにもっとも適した方法を選択したのであった。

政府は、Ｐ＆Ａ（Purchase & Assumption）方式と呼ばれる、不良銀行の資産と負債を優良銀行に移すやり方で不良銀行を整理する方針を確定する。具体的には一九九七年末現在で自己資本比率八％以下の銀行に対し、四月三〇日までに資本拡充計画書を提出させ、承認を受けられなかった銀行に対しては退出命令などの措置をすることとなっていた。政府は六月二九日、自己資本比率八％未満の一二銀行に対する経営評価結果を公式に発表する。大東《テドン》、東《ドン》南《ナム》、同和《ドンファ》、京畿《キョンギ》、忠清の五行に対しては退出、他に対しては条件付き承認と決定した。条件付き承認銀行は七月末までに経営正常化計画書を提出するとし、審査を経て八月末に退出の是非を再び検討することとした。八％以上の銀行に対しては経営診断を実施して、未承認時は九月末までに経営陣交替、減資等の経営改善命令を出すとした。

これまで「大馬不死」と呼ばれ、つぶれることはあり得ないと考えられていた銀行が、韓国史上初めて退出を命じられたことの衝撃は大きかった。

労働組合の反発

第一次構造調整に、労働組合は全面的に反発する。

銀行五行の退出以前から、全国金融労働者連盟（金融労連）と民主金融労働者連盟（民主金融労連）は反発しはじめていた。民主金融労連は、五月の時点ですでに、政府による銀行統廃合に強く反対の表明を出していた。金融労連は銀行退出直前の六月二七日、ソウル駅広場で、「強制的構造調整阻止と生存権死守のための金融労働者大会」を開き、政府の強制的な金融産業構造調整を即刻中断するよう要求した。これと一緒に、韓国労総と民主労総も銀行整理が差し迫っていることを認識し、退出銀行職員の雇用承継（引き継ぎ）の要求に立った。

六月二九日、五行退出の発表で金融労連と民主金融労連は抵抗を本格化した。退出決定の撤回を要求し、履行しない場合は、七月一五日からゼネストに突入すると宣言した。労働組合側は、現在のような脆弱《ぜいじゃく》な金融システムと銀行の経営不振はすべて政府が銀行経営に深く関与していたこと、いわゆる「官治金融」からきたにもかかわらず、銀行員にのみ責任を転嫁しているのはおかしいと主張した。

特に退出対象となった銀行の労働組合は強硬であった。銀行退出措置直後、退出銀行職員はほとんど業務に復帰しなかった。退出銀行労働組合の要求は主に雇用承継だった。具体的には、一〇〇％雇用承継保証、通常月給二一ヵ月に相当する退職慰労金支給、生計費補助名目の特別慰労金支給などで、引受銀行が提示した二、三ヵ月間の契約職は受け入れられないという立場であった。

退出銀行の業務麻痺《まひ》に直面して、金融監督委員長は、緊急談話を通じて業務復帰を督励し、復帰しない場合刑事罰まで考えると強硬な立場を示した。その後一部銀行の労働組合員が本格的なデモに突入するなどなかなか抵抗はやまなかった。

七月中旬から労働界の反発とストがさらに強くなり、韓国労総・民主労総は労使政委員会への参加を拒否した。政府はスト自制を要求し、労働界をなだめる態度をとった。七月一五日に予定されたゼネストを前に、政府はストを撤回し、参加と対話で問題を解くことを要求する関連長官の談話文を発表する。労使政委員会委員長も両労総指導部を訪問して委員会に復帰するよう訴えた。

以上のような労働界の反発は、結果として構造調整の進展を遅らせるのに十分な効果を持った。構造調整自体は世論の支持を得ていた。加えて、構造調整はＩＭＦの方針に応《こた》え、外国人投資家にも好意的なシグナルを送るものであった。しかし、労働組合の理解なしの強行には相当の無理があったことも確かであった。

七月より予定されていた非銀行金融機関の構造調整は一ヵ月程度遅延し、八月からのスタートとなった。非銀行金融機関も銀行の退出方式と同じP&A方式で退出させたが、一つひとつの会社の規模が小さく、数も多くなかったため、五行退出時のような混乱はなかった。

停滞する金融構造改革

他方で、銀行のさらなる整理は当初予定されていた退出ではなく、政府主導の銀行同士の合併に終始し、ラディカルな人員削減もなかった。

八月二四日に商業銀行と韓一銀行が合併を議決し、九月には優良銀行同士であるハナ銀行とポラム銀行、国民銀行と長期信用銀行が合併を発表した。

その他の条件付きの生存承認銀行は、政府の要求で九月末までに組織および人員圧縮、一〇月末までに外資誘致および他の銀行との合併を約束する。しかし、労使交渉は順調に進行せず、人員圧縮は進まなかった。

九月末、銀行は政府の圧力のもと、一九九七年末を基準に四〇～五〇%の人員圧縮の方針を決めたが、銀行労働組合は二〇～三〇%の圧縮を主張し、要求を受け入れられない場合全面ストを打つと表明した。九月二九日に銀行労使代表は減員比率三二%で合意したためゼネストは避けられたが、不十分な構造調整で終わってしまったのである。

金大中政権が進めた経済改革は、進歩派からは新自由主義的だと非難され、保守派からは不徹底ぶりを批判される。その理由は、以上の労使政委員会による社会協約と同委員会の機能停止による協約の破綻という、政治過程から見て取れる。

進歩派から見れば、労使政委員会は経済改革の正当性付与のためにのみ利用された。労働者の利益となる改革は先送りされ、整理解雇制の導入など負担だけを押しつけられたことは、新自由主義的と批判するほかない結果であった。

他方、保守派から見れば、本来なされるべき構造調整が労働組合の抵抗で不十分に終わった。それは金大中政権が労働組合を支持基盤にしていたからで、左派政権だからこそ不徹底だったのだと批判することになるのである。

2 福祉国家への転換

生産的福祉とは何か

次に、社会保障改革について見てみよう。

第一次労使政委員会で、金大中政権は労働者に社会保障改革を約束した。それは、単なるセーフティネットの整備を超えて、他の先進国並みの福祉国家を建設することであった。労使政委員会による社会協約は早々に破綻したが、金大中はこの約束を反故《ほご》にしたわけではなく、韓国を「福祉国家」と呼ぶことができるほどの社会保障制度を整備していく。

それらの政策は、どのような理念に基づくもので、どの程度の制度改革がなされたのかを見ていこう。また、一連の改革のために、大統領在任中および退任後、金大中は自らの支持勢力であった進歩派から批判を浴びる。それはなぜかについても論じる。

通貨危機から始まった経済的苦境と、そこからの脱却のためにとられたIMF主導の新自由主義的改革は、国民を困難に陥れた。とりわけその被害は社会的弱者に押しつけられた。低学歴者、女性、非正規労働者、技能職、パートタイム労働者がそうである。彼らは失業し、貧困に陥ったばかりではない。それをきっかけに離婚や自殺が増え、家族の解体、ホームレスの急増につながった。

韓国経済は、一〇年に一度ぐらいの割合で急速な景気後退に陥っていた。そのたびに人々の苦境を救ってきた家族を通貨危機は強打した。それゆえに、失業者・低所得者を救済する緊急対策と、国家によるセーフティネットの構築が焦眉《しょうび》の課題となる。金大中政権は、この課題を解決するために、社会保障制度改革を進めていく。理念として打ち出されたのが、「生産的福祉」というコンセプトであった。

この新しいコンセプトは、従来の韓国の福祉政策の方向性を根本的に変えた。そのことを、ひとつ前の政権である金泳三《キムヨンサム》政権と比べて確認しよう。

韓国で、福祉国家が本格的に意識されるのは、一九九三年に発足した金泳三政権になってからである。同政権は、産業の高度化、都市化の進行の結果福祉の充実が必要ではあったが、他方、そう遠くない将来に少子高齢化が進行し、当時の制度のままでは社会保障体制が危機に陥ることを認識していた。そこで、一九九五年に大統領直属の世界化推進委員会を設け、韓国型福祉社会モデルを提案した。

金泳三政権の提案は、三つの原則から成り立つ。

第一に、政府の役割を貧困層救済に限定する選別主義である。これは、福祉を広く国民の権利として認める普遍主義という考え方の対極にある。

第二に、福祉サービスの提供者として家族や地域的つながりを重視する。相対的に国家の役割を狭く捉えることになる。

第三に、貧困の予防である。政策の力点を、貧困救済よりは貧困層に転落しそうな人々を転落させないことに重点を置く。

これらの考え方は、貧困層対策に限り、実際の福祉サービス供給を家族に依存してきたそれまでの韓国の社会保障の延長線上にある。政府の役割を限定することで将来的な福祉の負担を軽減しようとするものであった。

労働と福祉の連携

これに対し、金大中政権は次のように対峙する。選別主義に対しては普遍主義で、家族主義に対しては国家の責任の強調で、貧困の予防に対しては「生産的福祉」で、向き合うというのである。普遍主義と国家の責任強調は、福祉を国民の権利として認め、国家がサービス供給の責任を負うことを金大中政権が明示したものである。では「生産的福祉」とは何か。

このコンセプトで金大中政権が強調したのは、労働と福祉の連携であった。

労働と福祉の連携は、二〇世紀末以降の欧米先進国で模索されてきた福祉国家再編のコアに当たる部分である。一九七〇年代の石油危機を経て長期不況に陥った欧米諸国は、従来の社会保障政策が必要とする巨額の財政負担に苦しみ、その軽減を図るべく対策を打ち出した。労働と福祉の連携とは、失業者などに福祉サービスを単に供給するのではなく、福祉を通じて将来労働市場に復帰して、福祉サービスの対象者という立場から抜けだしてもらうことを意味する。そうすれば、福祉負担は減るはずである。しかし、一口で労働と福祉の連携といっても、国によってその方向性は大きく異なっていた。

アメリカのように個人の責任を重視する自由主義的な福祉国家体制をとる国では、将来的な労働市場への復帰の努力をしなければ福祉サービスを供給しないことを意味する「ワークフェア」という方向性を有していた。

他方、北欧諸国のように社会的連帯を重視する、社会民主主義的な福祉国家体制の国では、労働者の再教育や転職支援など労働市場への復帰のために、政府が積極的に支援を行うことと福祉を連携させることを意味する「アクティベーション」という方向性を持っているのだ。

金大中のいう「生産的福祉」は、労働と福祉の連携をいう以上、金泳三政権が目指した、家族主義的な福祉政策からの転換であることは明らかであった。問題はその方向性である。自由主義なのか、社会民主主義なのか。具体的な制度変化を確認して、改革の方向性を検討してみよう。

失業・貧困に対する緊急対策

金大中政権がまず取り組んだのは、失業・貧困に対する緊急対策であった。金大中政権は、通貨危機に端を発する深刻な経済的困難のなかで発足した政権で、待ったなしの対応が迫られていた。

手始めに政権は、雇用保険制度の適用範囲を拡大した。失業者に対し一定期間失業給付を提供して、次の就職先確保までの間の収入を保障する雇用保険制度は、韓国では一九九五年に導入されていたが、この保険の対象となるのは、一九九七年末までは三〇人以上の事業所であった。それを、最終的にはすべての事業所に対し、臨時職・パートタイマーも含めて適用することとした。日雇い労働者を除くすべてが対象になったのである。給付資格を得るための拠出金納入期間を一二ヵ月から六ヵ月に短縮し、給付期間も三〇～一二〇日から六〇～一五〇日と引き延ばした。

並行して、一九九八年三月には、職業訓練、公共勤労事業を行うことで雇用機会を拡大し、時限的生活保護制度の導入、生活保護制度の臨時拡充を行った。その結果、総合失業対策は政府予算の一〇%に相当する規模になった。とりわけ公共勤労事業と生活保護にその過半をつぎ込んだのである。

ただしこれらは臨時的措置であり、恒久的な社会保障制度構築ではない。そこで、金大中政権は一九九八年一一月に「第一次社会保障長期発展計画」を発表し、制度改革を進めていく。とりわけこの時点では社会保障制度間の連携が不十分であった。つまり失業者全体の六〇%以上が雇用保険制度と生活保護制度のいずれも適用されないなど、制度の谷間に置かれていることを意味する「死角地帯」が存在しており、対応が必要であったのである。

国民基礎生活保障制度の発足

金大中政権期に、社会保障制度がどのように改革されたのか、いくつか主要なものを例に見ていこう。

韓国の社会保障制度は、一九七〇年代から一九八〇年代にかけて、官僚主導のもと、日本の制度を参考にして作られた。日本の制度は、労働者が所属する会社や職種単位で実施される社会保険を基本としており、会社や職種間で年金や医療保険の仕組みが大きく異なる。このような仕組みは比較福祉政治研究の領域で保守主義的な福祉国家モデルといわれている。

金大中政権期の改革は、全体として日本的で保守主義的な仕組みを大きく変えようとするものであった。

第一に、公的扶助について見てみよう。金大中政権以前の公的扶助は、生活保護制度と呼ばれていた。対象となるのは、一八歳以下、あるいは六五歳以上の、人口学的に働くことが困難だとされる層であって、労働可能な年齢層に属する人々は排除して支給することとなっていた。選定基準は、扶養義務者の有無と所得および財産の状況である。貧困は個人的事情にあるという考え方のもと、公的扶助は働く能力のない者への支援という救貧法的性格の強いものであったのである。

これに対し、金大中政権のもと一九九九年に制定、二〇〇〇年から施行された「国民基礎生活保障制度」は、生活保障の対象を、単純に生活の必要上受給が必要な者とし、年齢による区分、就業の有無、労働可能性の有無を給付の条件としないことにした。なぜなら、健康で文化的な最低限の生活を保障することが国家の義務であり、国民の権利であるからである。ただし、労働能力のある者は政府が提供する自活事業への参加を条件に給付がなされることになった。

公的扶助制度の変化は、韓国が社会保障制度に対する考え方を根本から変えたことを示している。社会保障の考え方には、援助が本当に必要な人々に限定して社会福祉サービスを提供するべきだという選別主義と、社会的権利として全国民に社会福祉サービスを提供すべきという普遍主義があるが、ここで取り上げた変化は選別主義から普遍主義へと重点を移すものであった。

ただし、制度と実態の乖離《かいり》はまだ激しかった。貧困の定義の一つに、絶対的貧困がある。それは、必要最低限の生活水準を維持するための食糧・生活必需品を購入できる所得（絶対貧困線）を有しているかどうかで貧困を定義するものである。韓国では、絶対貧困線を最低生計費というが、二〇〇五年段階でそれ以下の貧困層は約五一〇万人いた。そのうち基礎生活保障対象者は約一三八万人と、貧困層の二七％に限られていた。制度の「死角地帯」は解消されてはいなかった。

医療保険の一元化

第二に、医療保険を見てみよう。韓国の医療保険の仕組みは、日本と同じく社会保険方式である。すなわち、保険者である一般国民が、医療保険管理者である医療保険組合に保険料を納め、それをもとに管理者が病院などの医療サービス供給者にサービス料を提供する方式である。出来高払い式で、保険者が一定金額を負担する。この仕組みは医療サービスへの過剰需要を生み、財政赤字を引き起こしやすいという特徴があり、日本と同様、韓国も医療保険の財政赤字で苦しんでいる。金大中政権でも社会保険方式は踏襲されている。

しかし、金大中政権は組合主義を否定した。従来の医療保険制度のもとでは、日本と同じく、職域別、会社別、地域別に医療組合を運営する組合方式がとられており、給付内容も組合間で差があった。福祉国家論の文脈では、このことは階層性が高いといわれる。それに対して、金大中政権は、すべての医療組合を全国民単一組織に統合した。

具体的には、公務員・教職員医療保健管理公団と二二七の地域医療保険組合、次いで一三九の職場医療保険組合を統合し、全国で単一の医療保険組合である国民健康保険公団とする。これにより、韓国は従来存在した組合間での格差をなくし、給付内容を均等化させる。言い換えれば、いかなる職業に就こうとも、保険料負担は所得に対して同じ割合で、治療費の本人負担額は、治療内容が同じであれば同額ということになった。階層性が低下したのである。

ただし、元の医療組合間の財政統合は遅れた。国民健康保険の保険料は所得に比例して納入しなければならない。しかし、日本と同様、サラリーマンはほぼ一〇〇％所得が把握されているのに対し、農民や自営業者は所得把握が難しい。その状態のまま財政を統合すると保険料納付を少なくしたいというインセンティブが農民や自営業者に働き、実際よりも所得が低く申告される。それはすなわち、実質的にサラリーマンの負担増を意味する。それゆえ、組合は統合したが、財政は、「勤労者職場加入者」、公務員、教職員の入る「職場加入者」と、農民や自営業者などの「地域加入者」に分かれていた。二〇〇一年に前者二つを統合したが、後者との統合は〇三年六月に持ち越しとなった。

さらに、医療保険はもう一つ大きな問題を抱えていた。それは、給付水準の低さ、言い換えれば本人負担額の大きさである。平均して治療費の五〇％を本人が負担するという低給付の構造は未着手のままであった。

国民皆年金

第三に、国民年金について見てみよう。一九九八年に国民年金法が改正され、国民皆年金が達成された。韓国では、国民年金は、公務員、軍人などの一部職種を除き全国民が加入対象となっており当初から一元的であった。その意味で制度開始時点から社会民主主義的な制度デザインであったといえる。給付水準も高く、現役世代の平均的なボーナス込みの手取り賃金に対する、年金額の割合を意味する所得代替率は平均七〇％であった。

ただし、国民年金の加入者は当初サラリーマン、労働者に限られていた。一九九五年には農漁村居住者が加入することになるが、一〇〇〇万人に及ぶ都市部自営業者は除外されていた。一九九八年の改正は、都市部自営業者も加入させるためのものであった。

この他に、韓国の年金制度には三つ特徴があった。

第一に、給付体系は年金受給額を前もって確定させる確定給付方式である。近年多くの先進国は一人あたり一律給付の基礎年金部分と所得比例年金部分を分けて管理しているが、韓国では両者を一元的に管理しており、四〇年間納付すると所得代替率で平均して約七〇％になる給付を受けられた。国民皆年金の実現過程で所得代替率は平均六〇％に引き下げられたが、依然高い水準を保っていた。

第二に、所得再分配効果の高さである。低所得者ほど所得代替率が大きい制度設計となっていた。

第三に、財源運営は、部分的積立方式という、現役世代が払い込んだお金を高齢者に支給する賦課方式でもなく、現役世代のときに払い込んだお金を積み立てて老後に受け取る完全積立方式でもない方式をとっていた。つまり、特定時点までは大規模の基金が積み立てられるが、本格的な給付が始まると急速に財政が悪化する構造で、積立金枯渇後は賦課方式に転換する。この構造は将来を見越したものとはいいがたく、いずれかの時点で再改革を必要としていた。

年金分野で重要なのは、自由主義的な制度設計に転換しなかったことである。一九九七年の通貨危機を前後して、将来の財政破綻への懸念から年金制度を根本的に変更すべきとの議論が国内外からあった。すなわち、年金を基礎年金部分と所得比例部分に分離して、基礎年金部分は公的に負担するものの、所得比例部分は民営化などで国の年金財政から切り離して付加年金とする、多柱型と呼ばれるイギリスのような制度構造に転換せよとするものである。しかし、金大中政権は従来型を維持したまま全国民に拡大したのであった。

最後に、労働政策との関係を見ておこう。従来の韓国の社会保障制度は労働政策との関連を持たなかった。しかし、金大中政権以降、両者を関連づけて取り組む姿勢が明確になってきている。それが「生産的福祉」の核心である。つまり、福祉と労働を連携させ、福祉の受給条件として労働への参加を義務づけるようにしたほか、積極的労働市場政策を展開したのである。

以上のように、民主化後の社会保障制度改革は、保守主義モデルから社会民主主義モデルを目指す方向性を持っていた。保守主義的な階層性を低め、普遍主義への転換を進め、福祉と労働政策との連携を進めていたのである。

ただし、積極的労働市場政策は総合失業対策で終わり、後続措置が執られず先細りになっていった。医療保険の給付水準は低いままであった。社会保障制度でカバーされない、大量の貧困層が存在し、家族による福祉サービス提供に依存している状況が依然として続くのである。

3　生産的福祉の挫折

萎縮した社会民主主義

前節で検討したように、金大中政権のもとでの社会保障制度改革は、社会民主主義を目指したものであった。しかし、給付水準は低く、福祉政策でカバーされない人々を置き去りにしたままであった。

社会民主主義的な方向での改革の進行と、給付水準の低さ。いわば「萎縮《いしゅく》した社会民主主義」ともいえる状況が、なぜもたらされたのであろうか。公的扶助制度、医療保険制度、国民年金制度の三つの改革過程をそれぞれ見ることで、その理由を探ってみよう。

ただし、三つの改革のベクトルは異なっている。公的扶助と医療保険では、制度としてはより社会民主主義的な方向が目指されながら、それが給付の拡大につながらず「萎縮」してしまった。他方、国民年金では、もともと有していた社会民主主義的な性格を自由主義的なものに変更しなかった。言い換えれば、前者は社会民主主義の方向性が抑えられた点が、後者は自由主義の方向性が抑えられた点が重要である。方向性の異なる改革を見ることで、自由主義でもなければ、社会民主主義でもない、「萎縮した」社会民主主義が、政治勢力間の均衡点になっていることを示したい。

公的扶助をめぐる政治過程

はじめに、公的扶助制度をめぐる政治過程を説明しよう。

救貧法的な生活保護制度の改革は、「参与連帯」という市民団体が中心となって繰り広げた運動が出発点となった。韓国では、特定の分野に限らず韓国社会の民主化を推し進めるためにさまざまな政策を推進する、アドヴォカシー（政策唱道）活動に重点を置く市民団体の活動が活発である。そのうち、参与連帯と経済正義実践市民連合（経実連）が、もっとも影響力のある二大市民団体である。

参与連帯は一九九四年に創立された。当初から団体内に社会福祉委員会を設け、国が国民に対して最低限度の生活保障を行うべきとするナショナルミニマム確保運動を展開していた。通貨危機は、その活動を一歩進める契機となった。参与連帯の社会福祉委員会は、一九九八年三月に、公聴会「緊急提案：高失業社会の社会的代案」を開催し、①国民福祉基本線の設定、②失業扶助制度の導入、③失業者個々人に対する雇用および福祉サービスのための管理体制の確保を政府に提案した。

参与連帯の提案に触発されて、金大中の政党である国民会議のキムミゴン議員が基礎生活保障法草案を作成する。これを基礎に参与連帯は法制定運動を開始した。参与連帯は一九九八年六月、民主労総、経実連、韓国女性団体連合などの市民団体と連帯して「国民基礎生活保障法制定と低所得失業者生活保障方案」を主題に政策公聴会を開催、七月には二六の社会団体と連帯し、ハンナラ党のキムホンシン議員を紹介議員として、国会に「国民基礎生活保障法制定立法請願」を行い、法制定要求大会を開いた。

市民団体が設定したこの流れはとんとん拍子に進み、一九九八年八月、与党である国民会議が、市民団体の立法請願案を土台として国民基礎生活保障法案を党論に確定し、発議した。一二月、臨時国会保険福祉委員会法案審査小委員会が政府との合意案を受け入れ、委員会案として議決した。これで成案はなったかに見えた。

官僚の抵抗

しかし、この流れに官僚が抵抗する。この法案に、かつての日本の厚生省に相当する、保健福祉部が煮え切らない態度を見せたうえ、予算編成を管轄する、日本でいえば財務省主計局にあたる企画予算処が、所要予算の膨大さを理由に強く反対した。このため、上部組織の保健福祉委員会に回付できず法案審査小委員会に留め置かれることになった。

自由主義的な立場に立つ企画予算処は、原理的にこの案に反対であった。その理由として、第一に、この案は福祉に関する個人責任の強調という世界的な流れに逆行し、第二に、社会福祉は一度実施すると縮小が難しいうえ、第三に、仕事ができる者まで公的扶助を支給すると勤労意欲を低下させるので、職業訓練と雇用提供に力点を置くべき、としたのである。

これらの主張は、保守的な新聞メディアと自由主義的な学者たちに支持されてもいた。

そこで、参与連帯は大衆運動戦略に打って出た。参与連帯は労働団体、地域運動団体、女性団体、民主労総、民主社会のための弁護士会（民弁）など二八の団体に呼びかけて、団体間の連合組織である「国民基礎生活保障法制定推進連帯会議（以下、連帯会議）」を結成する。三月には国会内で公聴会開催などイベントを打ち、その大衆動員力を背景に、ロビイング活動を行った。大統領に近い人脈をたどって、大統領府で人事・監察業務を担当する金聖在《キムソンジェ》大統領府民情首席秘書官との連携を確保する一方、野党ハンナラ党に対しても理解のある議員を通じて交渉した。

しかし、基礎生活保障制度については、企画予算処以外の政府部局も慎重な立場を示した。日本のかつての労働省に相当する労働部は、所得保障の性格を持つ保障法制定よりも、公共勤労事業や就業斡旋《あっせん》等雇用維持に集中的に予算を投入すべきであるとしたし、主務官庁であるはずの保健福祉部も、連帯会議の方針に賛成はするものの、保護業務を直接遂行する社会福祉専門要員の拡充と、所得、財産の把握のための電算網完備などの課題解決が先であるとし、今国会での制定にこだわりを見せなかったのである。

金大中の蔚山演説

官僚の抵抗と、それを支援する新聞メディアをはじめとする保守派の反発のなかで、国民基礎生活保障法案は宙に浮き、議決されなくなってしまった。この膠着《こうちゃく》状況を打開したのは、一九九九年六月、大統領が蔚山《ウルサン》で行った「中産層と低所得庶民層が安心して生きることができる国民生活保障基本法を制定するようにする」との発言である。

これによって政府内の抵抗が収まり、七月以降話が進み、最終的には一三一名の国会議員の発議で国会に提出し、八月には臨時国会を通過したのであった。

選別主義から普遍主義へと軸足を移した公的扶助制度の改革は、市民団体が中心となって実現に向けて行動したことと、与野党問わず同法案に反対ではなかったことと、もともと社会民主主義的な政策志向のある大統領が決断をしたことで実現したといえる。

実施過程での揺り戻し

しかし、普遍主義への方向性は、施行令、施行規則制定段階で押し戻されることになる。関係官庁は改革への抵抗をあきらめていなかった。焦点は受給対象者の選定基準であった。

企画予算処は原理的にこの法案に反対であった。かつての生活保護法は、最低生計費以下の所得しかない絶対的貧困層へ生活保護を行っていた。企画予算処は、この層への給付は構わないとしても、まだ絶対的貧困に陥ってはいないが、そこへの転落の可能性が高い、最低生計費よりやや所得が多い階層（ボーダーライン層）への給付は財政負担を大きくするので反対であった。そのため、同法適用拡大を阻止すべく動いた。

労働部も、大統領の決定に従いはしたものの、基本的にワークフェアを推進する立場に変わりはなく、勤労能力に関係なく基礎生活保障を優先する保健福祉部および連帯会議と対立していた。保健福祉部も連帯会議の方針に基本的には賛成するものの、腰が引けているのは同じで、企画予算処、行政自治部、労働部をはじめ政府他省庁の代表と、専門家、労働界、市民社会代表を集めた国民基礎生活保障推進団を構成して論争解決の場を設定したにとどまった。

それゆえ、選定基準は、企画予算処の主張を入れて、生活保護制度以上の厳しい基準が課された。生活保護法では、所得と財産、扶養義務者の有無が選定基準であったが、基礎生活保障法ではこれらに加えて、土地、住居、自動車所有の有無も追加された。また、扶養義務者の扶養能力は、最低生計費の一二〇％以上なら認めるとし、給付対象を絞り込んだ。給付内容についても、新たに設けられた住居給付は施行を留保してしまった。

医療保険改革前史

続いて、医療保険改革の政治過程を見てみよう。

医療保険改革をめぐる最大の争点は、職場、職種ごとに設置された医療保険組合を統合し全国民が加入する統合主義か、従来の組合主義を維持するかであったが、先にも述べたように、金大中政権期にすべてを統合することになる。

統合主義か、組合主義かという、医療保険組合をめぐる論争の始まりは、全斗煥《チョンドファン》政権時代であった。クーデタで政権を獲得した全斗煥を中心とする新軍部は、一九八〇年に生活保護制度の一部である医療保護と医療保険の大幅拡大を宣言し、具体化を保健福祉部に命じた。さらに、一九八五年の国会議員総選挙において与党であった民主正義党が、選挙公約として一九八七年までの全国民医療保険加入実施を宣言した。

この背景にあったのが、当時の医療保険のあり方である。医療保険は、朴正熙政権時代に大都市の労働者対策として生まれ、職域単位、職場単位で医療保険組合を結成した。想定されたのは五〇〇人以上の事業所である。それゆえ、中小・零細企業の労働者や、農漁村民、自営業者は対象となっていなかったのである。

全斗煥政権はこの状況を改め、全国民が医療保険に加入できるように、対象範囲を徐々に拡大していった。一九八一年には、従業員一〇〇人以上の企業に、八三年には一六人以上に、そして八四年には被扶養者の範囲が直系尊属・卑属から兄弟、義理の両親へと拡大した。農漁村・地方住民に対しては、全斗煥政権は一九八一年より試験的に特定地域で地域医療保険を実施後、順次適用地域を拡大していく。一九八八年に全斗煥政権を継いだ盧《ノ》泰《テ》愚《ウ》政権はこの方針を継承し、八八年に農漁村地域の全住民、八九年には都市自営業者を含む全国民に拡大していった。

組合主義対統合主義

もっともこの体制では保険組合ごとに財政状況が異なり、将来的に国庫補助を行わざるを得なかった。それを嫌った保健福祉部の官僚たちによって統合問題が議論されるようになる。それが、韓国における医療保険統合論争のはじまりであった。

全斗煥政権から保険範囲の拡大を命じられた保健福祉部では、医療保険の運営について論争が生じていた。それは、従来の組合主義を維持したまま拡大するか、全組合を統合して、全国民を対象とする組織に運営を委ねる、統合主義とするかであった。統合主義志向の官僚たちは、大企業のみを対象とした従来の組合主義にも問題が存在することを意識していた。

比較的規模の小さな組合では、すでに財政赤字問題が生まれていたからである。それゆえ、彼らは三〇〇〇名未満の組合に対する大規模な統廃合に向けて動き出していた。

一九八〇年一一月、保健福祉部は医療保険組合を統合する「医療保険統合一元化」方針を決定した。しかし、大統領府の秘書陣、しかもあろうことか保健福祉部から派遣されていた官僚たちによって拒否される。同様のことは一九八二年にも繰り返し起こった。

当時の保健福祉部内は、医療保険への財政支出を嫌い、医療保険の財政的自律を維持することでは一致していた。そのなかで、統合主義を支持する官僚は、政府財政投入を最小化しつつ、医療保険の拡大を行うことができると主張していた。数百に分離した現状ではそれだけ管理費用が余分にかかり、各組合が財政赤字に陥りやすいうえ、組合間の格差が拡大してしまい、結果として国の支援を必要とすることになるというのである。

他方、組合主義を支持する官僚は、勤労者、自営業者、農民を一つの組合に入れ、保険料を付加することは無理だと考えた。統合しても保険料徴収の難しさなどに変わりはなく、むしろ政府の責任と負担が拡大するとし、統合に反対していた。

両者が対立するなかで、統合を主張した保健福祉部官僚たちの中心人物が、突然、汚職を理由に免職させられた。これは韓国内で「保健福祉部波動事件」といわれる。以降、保健福祉部の官僚たちが統合論を主張することはなくなった。保健福祉部の主張はその後一九九〇年代後半まで組合主義で統一され、もっとも強力な統合反対派となる。

農漁村民包含をめぐる論争

ところが、盧泰愚政権になると、統合論争が再燃する。問題は、農漁村への医療保険拡大であった。医療保険の適用拡大は、農漁民の不満を爆発させた。というのも、都市部のサラリーマンと比較して、農漁民の保険料負担が高い一方で、彼らが居住する地域の医療インフラは劣悪であるうえ、医療サービスは居住地近郊に限定するとする診療圏の設定により医療施設の利用が制限されていたからである。その結果、全国各地で、保険証の返還や、保険料告知書の焼却などのデモが起きた。

そこで保健医療団体がこの問題に介入しはじめた。農民団体と彼らは、医療保険統合一元化、医療保険への国庫支援五〇%拡大、公的扶助対象世帯への医療保護拡大実施を主張する。一九八八年六月には全国四八団体が参加した「全国医療保険対策委員会」を結成した。八七年の民主化以降、もはやこの問題への参加者は、官僚や政治家だけではなくなっていた。

統合派と組合派は管理方式をめぐって厳しく対立した。統合派には、政党、医師、農民組織と労働組合が属した。政党は農民票を意識し、選挙のたびに統合主義を主張していた。基本的には医師にとって、統合は利益とならなかった。なぜなら、需要者である組合が一元化すると治療費の交渉が不利になり、報酬引き下げにつながりかねないからである。しかし、当時は医療組合によっては財政状況の悪化から医療費支払遅延が生じており、統合はよりましな選択肢であった。農民の統合支持はすでに述べたとおりで、労働組合のなかでは、とりわけ財政がよくない地域医療保険の労働組合が統合を支持したのであった。

他方、統合反対派は、保健福祉部、医療保険連合会、全国経済人連合会（全経連）、韓国経営者総協会（経総）などの経済団体に、保守的な新聞メディアと、保険学、経済学、経営学の一部専門家たちであった。経済団体にとって、統合は深刻な問題を引き起こすと懸念された。統合すれば、企業は既存組合の積立金に対する統制権を失う。企業は積立金を運転資金に利用してもいるので、統制権喪失は死活問題につながりかねなかったのである。

両勢力は一九八九年の国民医療保険法案で激突した。二月に、野党平和民主党と統一民主党が提出した同法案は、農民の反発を意識した与党も賛成して満場一致で国会通過した。しかし、メディアの反対と職場医療保険組合の反発を背景に盧泰愚大統領が拒否権を行使し、廃案となったのである。

医療保険統合の実現

金大中政権下で実施される医療保険統合は、全斗煥政権期を第一幕、盧泰愚政権期を第二幕とすれば、いわば第三幕にあたる。金泳三政権末期の一九九七年一二月、一次医療保険統合案である「国民医療保険法」が制定された。この法律は、公務員および私立学校教職員医療保険公団と、地域医療保険の統合を目的とする。大統領選挙が終わり、金大中が次期大統領に確定したなかでの決定なので、実質的には金大中政権での業績といってよい。その後金大中は医療保険統合を大統領職引き継ぎの一〇〇大課題に設定し、労使政委員会が医療保険統合に合意することで法律制定への作業に移る。

ところが、ここで再び統合反対派と賛成派で激烈な対立が生じた。ただし、その構図には少し変化も生まれていた。

統合反対派は、経済団体のほか、医療保険連合会と韓国労総、そして以前は賛成していた医師たちであった。経済団体の反対理由は、先ほど述べた積立金問題に加えて、統合によって発生する社会保険の適用範囲拡大であった。所得把握の不完全な自営業者まで同じ組合に入ると、自営業者の費用を実質的に大企業労働者と企業が負担することになる。もう一つの理由は、保険に関する民業圧迫である。公的医療保険の拡大は民間医療保険の進出機会を阻害することになるとの主張であった。

とりわけ強力に反対していたのは、医療保険労働組合と韓国労総である。医療保険労働組合は、経済危機下のなかでの組織統合で人員削減が行われて組合員に失業者が生まれることを恐れた。韓国労総は、二兆五〇〇〇億ウォンに達する積立金損失と、統合時の自営業者の所得把握不十分によって急激に保険料が上がる可能性を恐れた。それゆえに、労働組合にとって本来敵対勢力といってもよい、保守政党のハンナラ党にこの問題については接近したのである。

医師が反対に回ったのは、同時に進められた医薬分業問題が関係していた。先に述べたように、医師はもともと統合には消極的賛成であったが、政府が同時に進めた医薬分業政策で態度を一変させた。韓国ではこのときまで、医師が患者の診察、薬剤の処方だけでなく、薬剤の投与もできたが、医薬分業によって、医師は薬剤の処方箋は書いても、薬剤の調剤および投与はできず、もっぱら薬剤師が行うという形で役割分担を徹底させた。このような医薬分業は薬に対する統制権の喪失につながるため医師は絶対反対であったが、金大中政権が統合問題とこれをセットにしたために統合問題でも反対に回ることになった。

統合賛成派は、農民団体に加えて、薬剤師、市民団体、そして民主労総であった。農民団体が賛成であるのは先ほどと同じ理由である。薬剤師が賛成したのは、医師とは逆で、まさに争点が医薬分業とセットになったがためであった。以上のグループは、基本的には自己利益で動いたといえる。しかし、第三幕の変化は、第二幕のような利益集団政治のみで論争が展開したわけではなかった点である。

社会的連帯の強調

民主労総は韓国における労働勢力の第二のナショナルセンターであり、労働組合員の利益を考えれば韓国労総と同じ動きをしてもよいはずである。しかし、それよりも医療保険統合が持つ社会的連帯の効果を重視して賛成した。つまり、医療組合が分立したままでは医療政策のあり方を国民全体として議論することはできない。統合は、この問題に対し国民全体が連帯できる素地を作ることになると考えたのである。

市民団体の支持もまた、同様のものであった。市民団体では、参与連帯、経実連、健康連帯などが一九九四年四月に医療保険連帯会議を結成し、統合推進を働きかけた。彼らは医療保険組合のあり方自体に利益があるわけではないが、統合が診療費自己負担額の高値固定化を克服し、給付拡大につなげられると主張したのである。

結局、両派の激しい論争の結果を制したのは統合派で、一九九九年に、国民健康保険法が成立し、医療保険組合は一つに統合された。農民の強い反発と市民団体の呼びかけで有権者に広まった広範な支持が政党を動かしたのであった。

しかし、統合派対組合派の争いは、まだ終わったわけではなかった。二〇〇一年に医療保険財政に巨額の赤字が発生したことや、統合反対派の根強い巻き返しを受けて、二〇〇二年までに予定されていた、地域組合、公務員等の組合、職場組合の財政統合は、二〇〇三年六月に延期されることになった。

これは、次のことを意味した。その頃には金大中政権は交代しているため、ハンナラ党が政権を取れば統合派は影響力を行使できず、組合派の巻き返しが可能となる。そして、二〇〇一~〇二年の政治状況はハンナラ党に有利で、次期大統領として党首李会昌《イフェチャン》の可能性が強く取りざたされていたのである。

年金改革か、国民皆年金か

最後に、国民年金改革について見てみよう。

金大中政権のもとでの年金をめぐる議論の争点は、国民皆年金か、年金改革かであった。金大中政権発足当時、国民年金は勤労者と農漁村住民をカバーしていたが、一〇〇〇万人に及ぶ都市部の自営業者はカバーしていなかった。彼らが年金に加入することの必要性は誰しもが認めるところであったが、その時期については異論があったのである。

それは、現行の年金体系は長期的には維持できず、遠くない将来に根本的な改革をしなければならないことを考えれば、改革後に自営業者を迎えるべきではないかという意見があったからだ。自営業者は勤労者に比べて所得把握が難しい点を考慮すれば、先に改革に取り組むほうが容易ではないかと考えられたのである。

ただし、ここでいう改革が、自由主義的であったことが議論を複雑にさせた。先に触れたように、韓国の年金体系は社会民主主義的で、所得代替率の高い制度であった。それを基礎年金部分と所得比例部分に分かれた二層式にし、所得比例部分を民営化することで多柱型構造にするのが改革の中身であった。それゆえ、社会民主主義的な現状の維持と国民皆年金を主張する進歩派と、自由主義的な改革を支持する保守派に分かれて、医療保険改革の時と類似した対立が年金改革でも生じたのである。

国民皆年金か、改革かの対立は、金泳三政権時にさかのぼる。金泳三は一九九五年「生活の質の世界化」を宣言し、世界化推進委員会のもとに国民福祉企画団を構成し、社会福祉政策全般に対する検討をさせた。

国民福祉企画団は一九九六年二月に「生活の質世界化のための国民福祉基本構想」を大統領に提出し、年金改革の基本方針を示した。大統領はこれを受けて、大統領府社会福祉首席秘書官室を中心に公的年金の長期発展方案を六月に準備させた。

大統領府は、現状のままでは二〇三〇年に年金基金が枯渇すると予測し、年金財政の持続可能性を高める構造改革が必要だとした。これに対し、主務官庁の保健福祉部は、制度は現行のままでの適用範囲の拡大を主張した。

この論争は、一九九七年六月に大統領府に国民年金制度改革企画団が設置されることで決着がついた。元来保守的な金泳三政権では、改革優先が自然な結論であった。最終的に、企画団は二層構造に転換する改革案を採用した。平均四〇%程度の所得代替率を目標とし、基礎年金部分は賦課方式の公的年金で維持するが、所得比例年金は徐々に公的年金の枠から外し、民営化する構想を持っていた。つまり、国家が責任を持つのは基礎年金部分のみとしたのである。

国民皆年金の選択

ところが、大統領選挙で金大中が次期大統領に決まり、議論は振り出しに戻った。金大中は、年金問題を、彼が大統領に就任するまでの政権引き継ぎ作業を担当する、大統領職引き受け委員会で再検討することとした。そこで、保健福祉部は、国民年金制度改革企画団の二層構造化改革に対し明確に反対の立場を伝えた。

反対の理由は次の通りである。第一に、企画団案は急激な給付水準の下落を前提にしており、国民的説得が難しい。第二に、二層化は技術的、行政的に難しいだけでなく、所得再配分機能が縮小し、相対的に高所得者に有利な制度となる。それゆえ、二層化は、国民皆年金達成後長期的な課題として検討すべきだとしたのである。

一九九八年一月一〇日、大統領職引き受け委員会は九八年中の予定で都市地域年金拡大を推進し、制度改革はしないという保健福祉部の提案を受け入れた。

一九九八年に予定していた年金の都市地域拡大は、法律改正案の国会通過が遅れた関係で九九年四月に施行された。施行にあたって、年金基金の運営方法が変更された。市民団体、労働組合の意向を汲《く》んで、財政経済院による公共部門の強制預託制度が廃止され、基金運営委員会の長も財政経済院長官から保険福祉部長官に変更された。基金運営委員会に年金加入者の参加枠が拡大し、委員の総数も一五名から二〇名になり、基金の運営は民主的になった。年金制度の構造改革はこの時点で立ち消えとなったが、所得代替率を七〇%から六〇%に縮小し、給付開始年齢を六〇歳から六五歳に引き上げるなどの財政安定化のための部分的な改正も行われた。

世界銀行の介入

自由主義的な年金制度への改革圧力は外部からもあった。一九九八年三月に、韓国政府は世界銀行から二〇億ドルの構造調整借款を供与されたが、その際に世界銀行は、労働市場の構造調整と同時に、ソーシャルセーフティネットの整備という次元で公的年金制度の改革を構造調整協約に盛り込んだ。ポイントは二つあり、一つは国民年金財政の運営失敗の防止で、もう一つは国民年金を含めて公的年金制度を世界銀行が主張する多柱型に変更することであった。

後者に関連して、世界銀行は一九九九年一一月までに年金制度改革案を作成するよう要求した。政府は一九九八年一二月に公的・私的年金制度改善実務委員会を発足させた。ただし政府が積極的でないことを見て取った世界銀行は、同委員会の委員に先行改革国を視察させ、レクチャーを開催するだけでなく、世界銀行の韓国年金改革担当チームを委員会に出席させ、世界銀行案を発表させるなど強く介入した。

世界銀行は、国民年金の保険料と給付水準を下げての基礎年金化と、退職金を拡大した完全積立型私的年金導入による、多柱構造の年金体系を提案した。これを受けて、公的・私的年金制度改善実務委員会は会議を重ね、二〇〇〇年五月に活動を終え、複数の改革案を大統領に提出した。もっともこれは、世界銀行の示した自由主義的な改革案を韓国が呑むということではなかった。複数案の提示という形自体が、世界銀行案に対する事実上の拒否を意味していたからである。

ただ、韓国国内が、政府の方針で一枚岩であったわけではなく、進歩派と保守派の対立が収まったわけではなかった。労働界では、二層化反対では一致していたが、都市自営業者への拡大では分裂していた。

韓国労総は都市自営業者が所得を低く申告するため勤労者が経済的損失を被るとして反対し、自営業者の年金は分離するよう主張していた。他方、民主労総は、年金制度は社会的連帯の哲学に基づくものなので分離は制度の崩壊につながるとして賛成し、かわりに自営業者の所得把握を徹底すべきと主張した。社会的連帯の重視という点では市民団体も同じで、医療保険改革と同じ論理で年金拡大に賛成し、二層化に反対であった。

この構図は、一九九九年初めに生じた「国民年金波動事件」で再度登場した。政府は、四月からの施行に先立ち都市部自営業者の所得把握と保険料通知書の発行作業を行うが、この作業が極度に混乱し、都市部自営業者の不満が爆発した。これを受けて、野党、韓国労総、経済界、与党の一部までが自営業者への適用拡大を延期する議論に同調した。しかし、市民団体と民主労総が強く反対し、予定通り実施される。

金大中政権も、改革を検討しないわけではなかった。二〇〇二年三月に国民年金発展委員会を設置、年金の長期財政推計および財政安定化方案、年金制度死角地帯解消等の制度内実化方案、給付構造改善等給付合理化方案を模索させた。ただ、その政策的優先順位は低かったのである。

未完の社会保障改革

少子高齢化の進行とそれに伴う社会保障体制の将来的破綻は、金泳三政権下ですでに予測されていた。一九九八年に発足した金大中政権にとっても当然に手を打たねばならない課題であった。加えて、金大中大統領自身が進歩的な政治理念の保持者だった。それゆえ、社会保障体制の整備と充実は、とりわけ進歩派の人々が期待したところであった。ところが、金大中政権はそれに失敗し、むしろ新自由主義的な改革を推し進めたとの評価が一般的である。進歩派政権のもとで新自由主義が推し進められるという、矛盾した状況に陥ったのはなぜか。この問いに対する一般的な回答は、政権発足直前に韓国経済を襲った通貨危機への対応が、新自由主義的改革を否応なく推し進めたのだという、外的要因による説明である。とりわけ、IMFから緊急融資を受けた際、IMFに約束させられた経済構造改革の実施が、政策選択肢を強く拘束したことが主張される。

通貨危機が韓国経済の進路に重要な影響を与えたことは間違いがない。とりわけ、IMFに約束した新自由主義的経済改革が重要なことも確かである。しかし、金大中政権は必ずしもＩＭＦの忠実な僕《しもべ》であったわけではなく、同時期に通貨危機に陥ったアジア諸国とは異なり、韓国を福祉国家とする改革も行っている。問題は、それが新自由主義的と批判される程度の、低レベルなものにとどまった点である。

改革を押しとどめた要因

本章は、金大中政権が目指した経済政策の目標は何であったのか、それが実現できたのか、また実現を阻んだものは何であったのかを探った。その解答をまとめておこう。第一に、金大中政権の目標は単純な新自由主義的改革ではなかった。経済の自由化を進め、市場競争を活発にする一方で、競争弱者を社会保障政策で救うと同時に、再び働けるようにすることを狙《ねら》った。その結果、新自由主義的改革が進んだだけでなく、社会保障制度が整備され、制度的には福祉国家となったのである。

しかし、第二に、新自由主義的改革も福祉国家化も不十分なものにとどまった。社会保障水準は低いままにとどまった。

では、第三点の、実現を阻んだものは何であったのか。それは、改革が道半ばとはいえ、ある程度実現したことと表裏の関係にある。すなわち、労使政委員会という、コーポラティズム的意思決定メカニズムの重要性である。韓国が新自由主義的改革を行った理由をＩＭＦの要求に求めるのは不十分である。スハルト政権下のインドネシアがそうだったように、内政上の理由で要求を受け入れることができないことはありうるのである。大規模な構造調整は、国民に苦痛を強いるだけに、国民的合意を得る必要がある。金大中政権が用いた労使政委員会はその点で重要であり、この場で締結された社会協約があったからこそ、金融改革は可能であった。労使政委員会が機能しなくなって以降、政府は労働界の不満を抑えられなくなってしまい、改革が進まなくなるのである。

社会保障改革についても同様のことがいえる。労使政委員会は、社会協約の一環として社会保障制度改革で合意した。その内容は金大中政権のもとで相当程度実現している。韓国が曲がりなりにも福祉国家を実現したこと、しかもそれは社会民主主義的な制度改革となった理由はこの合意が大きく、高く評価しなければならない。

改革阻止に関して、もう一つわかったことがある。それは、韓国政治における進歩派と保守派の対立の激しさである。労使政委員会のあまりにも早い破綻が、制度形成をめぐる進歩派と保守派の激しい対立を露呈させた。この対立は、基礎生活保障制度や、医療保険組合の一元化、国民皆年金の実現がなされた後も続き、保守派の巻き返しがなされている。

金大中政権では、経済改革同様、福祉国家化も「未完の改革」で終わってしまった。しかしこれは、金大中政権に対しては辛すぎる評価ともいえる。制度の変化は断絶的なものとはいえず、むしろ連続的な側面が大きい。それだけに、次の五年を託された盧武鉉の役割が重要であった。

第二章　進歩派政権の逆説――盧武鉉政権の福祉政策

韓国は金大中政権のもと、福祉国家となった。金大中政権は社会保障制度を変更し、選別主義の縮小、階層性の低下、労働政策との連携を進めるなどして、社会民主主義の色彩が強い福祉国家を目指した。この路線を基本的に継承したのが、二〇〇三年から始まる進歩派の盧武鉉政権であった。

ただし、盧武鉉政権は、金大中政権では十分には意識されなかった二つの新しい福祉圧力に直面する。

一つは、少子高齢化の進行である。韓国における少子高齢化は、現時点では日本のように目に見えて深刻な問題ではない。しかし、二〇〇一年に統計庁が発表した将来人口推計で、韓国の高齢化は日本以上のスピードで進むとされた。二〇〇〇年の合計特殊出生率（一五歳から四九歳までの女性の年齢別出生率の合計から求められる、一人の女性が一生に産む子供の平均数）が一・五〇を切って以降、〇五年には一・〇八に落ち込むなど衝撃的な事実が明らかになるにつれ、社会保障体系の再構築が迫られる。

もう一つは、序章で解説した「新しい社会的リスク」への対応である。韓国でも、二一世紀に入って、新しい社会的リスクに苦しむ人々の存在がクローズアップされるようになり、盧武鉉政権もそれへの対応が求められた。新しいリスクは、次のような形で認識された。

第一に、「死角地帯」の問題である。例えば、公的扶助と社会保険の連携が不十分で、制度の網から漏れ、必要とする福祉サービスを供給されない人々が多かった。金大中政権は制度を整備し、「死角地帯」をなくそうと努力したが、産業構造や労働市場の変化から生まれる問題は克服できなかった。それは、とりわけ公的扶助を受ける貧困層ではないが、厳しい生活に追い込まれているボーダーライン層の問題として顕在化していた。

第二に、格差社会の問題である。一九九〇年代までの経済発展をへて、韓国ではかつての日本と同様に徐々に分厚い中間層が現れてきていた。しかしそれは一九九七年の通貨危機をきっかけに縮小し、中間層から貧困層へ転落する人々が相次いだのである。それにより、社会内での格差が目に見えて明らかになってきた。とりわけ、低学歴層、若年層、女性がワーキングプアに陥ることが多くなり、問題への対処が火急の課題となっていった。

盧武鉉政権は、新たに直面したこれらの問題に、どのように挑んだのであろうか。

本章では、はじめに、盧武鉉政権誕生のいきさつを述べたうえで、盧武鉉政権時代の福祉政策の展開を説明する。盧武鉉政権は、進歩派でありながら新自由主義的改革を推し進めたとの批判が韓国でなされるが、彼は中間層の没落と貧富の格差の拡大・固定化を阻止すべく、「参与福祉」と呼ばれる福祉政策を行っている。しかし、同時に進めた、参加民主主義の制度化が、福祉国家の充実を妨げるという皮肉な現象を生み、金大中政権時に芽生えた社会民主主義の方向性は「萎縮」したままとなるのである。

1　盧武鉉政権の誕生

異端児盧武鉉の登場

盧武鉉大統領は、既存の政治秩序の破壊を運命づけられていた政治家である。前任の大統領である金大中は、朴正煕政権以降その存在を政権に危険視され続けたという意味で反主流だったが、朝鮮半島南西部に位置する湖南（全羅道）地域を、大統領選挙のたびに九〇％を超える票を得るという絶対的支持基盤としてきた点で、地域主義という韓国の政治構造に依拠していた。

他方、盧武鉉はその地域主義打破を最大の政治テーマとして、二〇〇二年の大統領選挙に臨んだ。韓国でも、どの地域出身者であるかが重要となる地域主義は、有権者が政策で政治家を選んでいないことを意味し、前近代的でおかしいと思われていた。それゆえ、これまでどの大統領候補者も地域主義打破を訴えてはいたが、盧武鉉の姿勢は他の政治家とはまったく異なっていた。

盧武鉉は政治家として完全にアウトサイダーであった。多くの政治家が大卒で、大学院卒ですら珍しくないなか、彼は高卒であり、大学に進学せずに苦学して司法試験に合格した。権威主義時代であった一九八〇年代に人権派弁護士として活動し、権力と戦うことでキャリアを築いていった。

盧武鉉

彼が親しく付き合った人々は、彼より一回り下で、全斗煥政権期に学生生活を過ごし、民主化運動に参加したいわゆる「三八六世代」(二四七ページ参照)に属する人々で、反権力的な色彩が強かった。出自といいその後の経歴といい明らかにノン・エリートであった彼の政治的主張も、既存政治家が叫ぶ地域主義打破とは質的に異なるものであったのである。

彼は、地域主義打破の真の狙いを「支配勢力の交代」とした。韓国はエリート主義的な社会である。例えば、経済は少数の財閥に握られている。そして、ソウル大学、延世《ヨンセ》大学、高《コ》麗《リョ》大学など、ごく少数のエリート大学に進学することが、その後の社会的ステータスを左右すると考えられており、それゆえに日本とは比較にならない激烈な受験競争が繰り広げられる。

盧武鉉は、こうした社会秩序を破壊しようと主張し、その一環として地域主義の打破を唱えた。具体的な政策として首都移転を提示する。韓国社会の支配層はソウルに住んでいるので、首都をソウルから移してしまえば支配勢力の交代を目に見える形で実現できるという考えからであった。

予備選挙の実施

こういう考えを持つ盧武鉉は、常識的には政治家として成功しないが、二〇〇二年の大統領選挙の状況がそれを可能にした。従来の地域主義をベースにした選挙戦略では、与党である湖南政党民主党は、大統領選挙で嶺南政党である野党ハンナラ党候補に到底勝ち目がなかった。湖南政党を率いてきた金大中も地域的支持基盤の狭さで選挙戦では苦しみ、一九九七年の大統領選挙では忠清道政党の自由民主連合（自民連）との連携でなんとか勝機をつかんだのである。

ところが、その自民連は、二〇〇〇年の国会議員選挙の敗北で衰退し、もはや選挙であてにできない存在であった。そのうえ、自民連は民主党との連携を完全に解消し、独自路線を歩むようになっていた。二〇〇二年の大統領選挙では、ハンナラ党の党首李会昌が本命視されていたのである。

不利を悟った民主党は、次期大統領候補選出を党員以外の一般有権者も参加する党内予備選挙に委ねることで局面の打開を目指す。予備選挙は、アメリカの大統領選挙における共和党、民主党の予備選挙を模したものである。民主党内の候補者たちは、日本の都道府県にあたる広域自治体をアメリカの州に見立てて、全国をめぐりながら各地方で選挙人の獲得を目指した。このような大統領候補者選出プロセスの開放に、人々は熱狂した。そのなかで特に支持を得たのは、党内基盤が弱く本命候補ではなかった盧武鉉である。彼は党内で多数の支持を得ていた李仁済《イインジェ》を破って勝利した。

盧武鉉が地域主義以外の新しい支持者として捉えたのが、二〇代三〇代の若年層である。特に重要なのは「ノサモ」(「盧武鉉を愛する人々の集まり」の略称)という盧武鉉のファンクラブである。「ノサモ」は、盧武鉉が二〇〇〇年に行われた国会議員総選挙にハンナラ党の金城湯池である釜山から出馬し、落選した直後にインターネット上で作られたものだ。地域主義の打破のために盧武鉉を個人的に応援することを目的としている。

発足時の会員数は五〇〇人程度であったが、その後急拡大し、大統領選挙の時には八万人を超えていた。「オーマイニュース」のようなインターネット新聞もその一助をなした。当時韓国ではインターネット新聞の閲覧者が多く、例えば「オーマイニュース」では一日のアクセス件数が一〇〇万を超えることも珍しくなかった。進歩的な色彩が強かったインターネット新聞は、積極的にハンナラ党候補李会昌の問題点を取り上げ、親盧武鉉、反李会昌の情報を提供し続けた。

進歩派による「新しい政治」

盧武鉉はメディアを活用し、有権者のなかでも、とりわけ若年層の間で肯定的なイメージを築き上げることに成功した。それは大きく分けて二つの要素からなる。

一つは、ノン・エリートに対する積極的なイメージの形成である。韓国では選挙法により、選挙期間中の戸別訪問はもちろん禁止のうえ、街頭演説や遊説活動も制限されている。そのため、マスメディアを通じて有権者にいいイメージを与えることが重要である。盧武鉉陣営はテレビCMを使って、庶民的で一般市民と痛みを分かち合えるという盧武鉉のイメージを定着させることに成功した。

イメージ形成の点では、メディア間の違いが際だった。『朝鮮日報』、『東亜日報』といった大手新聞社は盧武鉉を不安定で政策に一貫性がないポピュリストとして描き、他方でインターネット新聞は盧武鉉を親しみやすいが常識と原則に忠実な人間として描いた。結果的には、インターネット新聞のイメージが勝った形になった。盧武鉉陣営が唱えた「古い政治をやめ、新しい政治を始めよう」とのスローガンが広く浸透し、対立候補の李会昌は「古い政治」の象徴と捉えられるようになった。

イメージ戦略の点で大きく貢献したことの一つに、新党「国民統合二一」代表鄭夢準《チョンモンジュン》との候補者一本化がある。鄭夢準は現代財閥オーナーであった鄭周永《チョンジュヨン》の子息である。大韓サッカー協会会長で国際サッカー連盟副会長、二〇〇二年サッカー・ワールドカップ韓国組織委員会共同委員長として、二〇〇二年のFIFA日韓ワールドカップを共同開催し、韓国のベスト4進出に貢献した中心人物として、知名度があり、若年層から人気があった。

彼は新党を結成して大統領選に備えたが、支持層が重なる盧武鉉と一本化しないと李会昌に勝てる見込みはなかった。そこで、選挙直前の一一月になって盧武鉉と二人でテレビ討論会を行い、直後の世論調査で支持率が高いほうに一本化することとした。結果、盧武鉉が勝利を手にした。この直前まで盧武鉉は所属政党のボスである金大中大統領の子息の不正疑惑問題の影響を受けて、支持率低迷にあえいでいた。彼は、候補者一本化によって一挙に劣勢を挽回《ばんかい》し、李会昌を上回る支持率を得る。一本化は若年層からの支持を決定的にした。

進歩派の勝利

盧武鉉が肯定的なイメージを築いたもう一つの要素が、進歩派の肯定である。韓国では、北朝鮮とアメリカそれぞれに対して、どのように相対するかが、民主化以降もっとも重要な争点であった。朝鮮戦争で北朝鮮と戦った経験から、北朝鮮を敵視し、アメリカとの友好関係を重視する保守派と、同じ民族として北朝鮮には許容的な一方、韓国の主権を侵す存在としてアメリカに厳しく接する進歩派の間で、強い緊張関係が見られた。ただし、進歩派が唱える、親北朝鮮・反米の姿勢は、一歩間違えば反体制運動になりかねなかったため、進歩派はときに弾圧され、肯定的なイメージを有権者の間に必ずしも築けてはいなかった。

2－1　第16代大統領選挙での世代別得票率

	盧武鉉	李会昌
20代	59.0	34.9
30代	59.3	34.2
40代	48.1	47.9
50代	40.1	57.9
60代以上	34.9	63.5

注）2002年12月19日に行われたMBC世論調査より。単位は％

しかしこの状況は金大中の北朝鮮訪問を契機に変化しはじめていた。北朝鮮は、保守派が喧伝するほど悪い国ではないという安堵《あんど》感が生まれていた。それに拍車をかけたのが、二〇〇二年の駐韓米軍装甲車による女子中学生轢《れき》死《し》事件に対する無罪判決である。駐韓米軍の犯罪行為は韓国の裁判所の管轄外であるため、アメリカが裁く。この無罪判決はアメリカの横暴と映り、連日全国各地でアメリカへの抗議を示すロウソク集会が展開された。反米運動の高まりは選挙に大きく影響を与え、アメリカと距離を置くとされる盧武鉉に有利になった。

盧武鉉は、金大中が打ち出した北朝鮮への融和政策である太陽政策の継続を主張し、韓国軍の指揮権が、戦時には駐韓米軍のもとに置かれる現状を変え、アメリカと、これまでよりも距離を置こうと主張した。それが支持されたのである。「反米で何が悪い」といっても有権者が受け入れるという、一昔前では考えられないことが起こっていたのである。

二〇〇二年一二月一九日の選挙の結果、盧武鉉は有効投票数の四八・九％を得、四六・六％にとどまった李会昌を破って当選した。2－1に示すように、若い世代の支持を得ての当選であり、進歩派の勝利であった。

2　参与福祉

キーコンセプトとしての参与福祉

本章の冒頭で述べたように、盧武鉉政権は、少子高齢化の進行と、新しい社会的リスクの顕在化という、二種類の福祉面での圧力に直面していた。加えて前節で述べたように、盧武鉉は「支配勢力の交代」を唱え、とりわけ一九九七年の通貨危機以降拡大した貧富の格差に積極的に取り組む意思を示すことで大統領に当選した。

しかし他方で、まだ一人あたりの国民所得が不十分な状況である以上、パイそのものの拡大をもたらす成長も重要であった。経済成長と両立する形で福祉国家を発展させる必要があったのである。そこで盧武鉉政権が打ち出したのが、「参与福祉」という、経済・社会政策に関するキーコンセプトであった。

二〇〇三年の保健福祉白書によれば、参与福祉は全国民を対象に、国家が責任を持ち、最低水準の福祉サービスを提供し、福祉政策の樹立、執行、評価過程に国民が実質的に参加する新しい福祉理念で、「福祉の普遍性」「国家責任」「国民の参加」を三本柱とする。単純に福祉供給の拡大とはしない点で金大中政権の生産的福祉を引き継ぐが、国民の参加を強調する点で差別化を図っている。ただし、参与福祉の概念は抽象的で具体性がないだけに、多様な解釈が可能である。そこで、「参与福祉」とは具体的には何を指すかを明らかにするために、政権期間中四度出された福祉政策に関するマスタープランを簡単に検討して、特徴を抽出してみよう。

第一は、二〇〇四年一月に公表した「参与福祉五ヵ年計画（二〇〇四—二〇〇八）」である。これは、社会保障基本法に基づき、金大中政権時の第一次社会保障長期発展計画（一九九九—二〇〇三）を引き継ぎ、制度の充実を目指すものであった。とりわけ意識したのは福祉制度の「死角地帯」の解消である。セーフティネットを充実させ、少子高齢化など社会・経済的変化に対応した福祉インフラの構築、全国民に対する普遍的福祉サービスの提供、相対的貧困の緩和などを目標とした。

第二は、二〇〇四年一一月に公表した「仕事を通じた貧困脱出支援政策」である。力点が置かれたのは格差社会対策である。韓国では、不安定就業者および失職と就業を繰り返す階層である、いわゆるワーキングプア層が増加した結果、失業率は低位で安定したものの貧困率が上昇していた。そこで、ワーキングプアの実態および増加要因と彼らを保護するためのセーフティネットの限界を診断し、強化するための基本方向と重要政策を樹立しようとした。政策の内容は二つの特徴を持つ。一つは、ワーキングプアの状態を緩和するため、基本的福祉（医療、教育、住居支援）は勤労能力に関係なく低所得層に拡大すること、もう一つは、いわゆるワークフェアで、福祉を通じた労働者の所得保障と労働との連携を強化しようとしたことである。

第三は、二〇〇五年九月に公表された「希望韓国二一――一緒に行う福祉」である。社会的格差の深刻化に対応するために、セーフティネットの整備、ボーダーライン層の貧困層転落防止、社会保険の死角地帯の解消、社会福祉サービスを需要者に届けるメカニズムの改善などを行うことで、福祉と経済の好循環可能な社会福祉制度体系を構築しようとした。重要なのは社会投資政策概念の登場である。福祉の充実は、人的資本と社会資本に対する投資を意味し、その拡大は労働能力の向上につながるので、経済活動への参加機会を拡大させる。福祉政策を通じて、貧困を予防し労働機会を提供することで、経済成長と社会発展を同時に追求する政策を行おうとしたのである。

そして、第四が、二〇〇六年八月に示された「ビジョン二〇三〇」である。福祉が社会投資であるという考え方をさらに進め、社会投資政策を通じた北欧型福祉国家を目指すと宣言していた。

社会投資国家論

以上のプランからわかる参与福祉の特徴は三つである。一つは、金大中政権が進めたセーフティネットの充実であり、もう一つは、福祉サービスの分権化で、最後の一つが社会投資国家論である。

福祉サービスの分権化と、社会投資国家論について、もう少し説明しておこう。

金大中政権までは、福祉サービスの主要な供給主体は中央政府であった。中央政府が福祉に責任を持つことはもちろん重要である。しかし、福祉サービスの需要を本当に知りうる立場にあるのは、サービスを必要としている人々の近くにいる地方自治体や民間NGOなどであって、中央政府ではない。それゆえ、盧武鉉は供給のあり方をより分権化し、福祉を本当に必要としている人々に確実に届けるようにしようとする。そのために福祉政策への国民の参加を求めることになるのだ。

社会投資国家論の基本的な考え方は政権発足当初からあったが、盧武鉉は政権後半にこれをより明確に打ち出してきた。社会投資とは、国民の労働市場参加の権利と機会を保障するために人的資本と社会サービスに対して行う支出のことである。これによって雇用増大、労働者の生産性向上を図り、国全体の潜在的経済成長率上昇につなげようとする。

社会投資国家論は、イギリスの社会学者アンソニー・ギデンズの「第三の道」に依拠したものである。

グローバル化の進展により経済競争が世界規模で展開されている状況で、これまでの経済活動を縛っていた規制を緩和し、税金などの公的負担を軽減することで経済活力を底上げするべきであるという新自由主義的な考え方が広がっている。これに対し、「第三の道」は、新自由主義とは別の方法で、経済を活性化することが可能なのだという。それは、新自由主義の唱える全面的な脱規制と福祉支出の縮小ではなく、福祉支出の相当部分を人的資源への投資に転換することである。第三の道は旧来の社会民主主義(第一の道)と新自由主義(第二の道)を乗り越える政治的、社会経済的方策なのである。

このような、雇用創出につながる積極的福祉を通じて、盧武鉉政権は経済政策と社会政策を統合し、福祉国家の発展と経済成長の双方を達成することを目指したのであった。

ワーキングプア問題への直面

ところが、参与福祉に掲げられた具体的な福祉プログラムは、実際のところ貧困問題、格差問題を解決するには、ほど遠いパフォーマンスしか示すことができなかった。分野別に、制度の変化と政策効果を見ていこう。

第一に、公的扶助についてである。公的扶助は、人々が貧困に陥らないために国家が提供する最終的なソーシャルセーフティネットである。ここには、受給対象者の把握や条件などのために、本当に貧困に陥っている人々が救済されない「死角地帯」の問題と、受給者が労働市場に復帰しても、貧困から抜け出すことができないワーキングプア問題が存在した。そこで、盧武鉉政権は、給付対象の拡大と給付水準に引き上げによって「死角地帯」をできるだけ狭くするように対策を講じる。

具体的には、二〇〇四年三月の国民基礎生活保障法改正で（翌年七月施行）、扶養義務者の範囲を直系血族とその配偶者、生計を同じくする二親等以内の血族から、一親等の直系血族とその配偶者、生計を同じくする二親等以内の血族に縮小し、給付対象を拡大した。また、二〇〇五年一二月には緊急福祉支援法を制定し、〇六年三月から、一時的な危機状況で緊急支援が必要な低所得層に、生計支援、医療支援、住居支援、社会福祉施設利用支援、民間機関や団体との連携などを実施した。

しかし、貧困層の受給漏れは変わらず、受給者が一三八万人なのに対し、貧困層に属するにもかかわらず給付対象から外れる人々が一七七万人も存在した。

加えて、貧困層の定義についても見直す必要が生じていた。金大中政権下では給付対象の基準は最低生計費の一二〇％以下の所得であった。それを盧武鉉政権では一三〇％に拡大した。

経済の発展によって、絶対的貧困と、貧富の差を意味する相対的貧困に違いが生じており、絶対的貧困層を給付対象とするだけでは格差の縮小につながらないようになっていた。最低生計費は一九九九年では平均消費支出の五六・四％だったが、全体的に所得が上昇した結果二〇〇四年では四三・六％に減少していた。

ワーキングプア対策では、盧武鉉政権は自活事業拡大のための多様な措置を展開し、仕事を通じた貧困脱出を最優先課題として取り組んできた。つまり、二〇〇四年には、公的扶助の対象である絶対的貧困層に加え、対象者への転落可能性が高いボーダーライン層まで、自活事業参加によって得られた勤労所得を徴税対象から外す措置を拡大し、働ける人々の労働市場への復帰を促そうとしたのである。

しかし、自活事業への参加者は少なく、労働市場への復帰という本来の意図は盧武鉉政権中に達成できたとはいえない。二〇〇七年には、約六万人が自活事業に参加した。この数字は二〇〇二年に比べて三七％増加してはいるが、三〇〇万人以上存在する貧困層全体からするとわずかである。

自活事業参加者の基礎生活保障制度からの脱受給率は、二〇〇七年で六・三％で、自活事業が本格化していない二〇〇二年が六・九％であったことを考えると、ほとんど効果はなかったのである。

切り下げられた国民年金

次に、社会保険について見てみよう。社会保険は、公的扶助同様、制度の大枠は金大中政権時代に大幅な変更がすんでおり、盧武鉉政権で期待されたのは「死角地帯」の解消という制度の実質化と保障水準の引き上げであった。しかし、実際にはいずれも不十分な結果に終わる。以下、国民年金、医療保険の順に見ていこう。

国民年金は、前政権からの課題であった、職場加入者と地域加入者の財政統合を二〇〇三入している人々に相当する。職場加入者とは日本でいえばサラリーマン・工場労働者など厚生年金に加入している人々に相当する。一方の地域加入者は自営業者や農民など国民年金に加入している人々に相当する。盧武鉉政権は、ワーキングプアに陥っていることが多い五人未満任意適用事業所勤労者と、月八〇時間以上働いている時間制勤労者を、地域加入者から職場加入者に転換した。日本同様、地域加入者は保険料を全額自己負担しなければならないが、職場加入者は労使で折半する。それゆえこの措置で、労働者の負担が軽減されたのである。

しかし、国民皆年金体制にはなっているものの、地域加入者のなかには保険料未納者が多く、二〇〇七年で加入者全体の二八％、地域加入者の五六・三％に達していた。つまり、加入者全体の四分の一が、事実上無年金状態に陥っていた。

加えて、盧武鉉政権は、二〇〇七年に、国民年金の給付を三分の一程度削減し、保険料率を九％に抑える一方、二〇二八年までに、四〇年加入者の平均所得基準で所得代替率を六〇％から四〇％に引き下げる改革を行った。これは、保健福祉部が、少子高齢化を受けて年金財政が悪化し、このままでは二〇四〇年には国民年金が枯渇してしまうという数字を報告したことに端を発している。「国民年金枯渇ショック」といわれるこの報告は衝撃的で、世論と政界を一挙に改革に踏み切らせた。しかし大幅な給付切り下げによって生じる老後の資金減少に対する補完策は行われなかった。

なお、年金制度の発足が遅れたことの補償措置は部分的に行われている。国民皆年金が達成されたのが一九九八年と遅れたため、制度的にそもそも年金受給資格がない高齢者がおり、今後その数が劇的に増えることが予想されていた。

いわば制度の不作為に対応するため、韓国政府は、一九九七年に老人福祉法を改正し敬老年金として、六五歳以上の生活保護者と低所得高齢者に月額二万六〇〇〇ウォンから五万ウォンを、年齢的に国民年金に加入できない低所得者への補償措置として支給していた。

盧武鉉政権は、この仕組みを二〇〇七年に変更した。二〇〇八年から基礎老齢年金として、無拠出型年金を設置したのである。具体的には、所得下位六〇％に属する高齢者（二〇〇九年からは七〇％へ拡大）に対して、基礎老齢年金を本人所得と逆比例して給付する。

しかし、最高給付額は当面、国民一人あたりの平均申告所得額の五％以下に据え置かれた。金額的には二〇〇八年時点で八万九〇〇〇ウォンが最高額である。かつてに比べれば大幅に増えたとはいえ、それでも小遣い銭程度にしかなっていない。

高いままの医療費自己負担

医療保険では、盧武鉉政権は二つの公約を掲げていた。一つは、患者の本人負担額が六ヵ月間で三〇〇万ウォンを超えないようにする本人負担上限制の設置である。もう一つは、保険による医療費カバー率を八〇％にまで引き上げる、言い換えれば患者の自己負担額を二割にまで引き下げることであった。前者は二〇〇四年七月に実施されたが、後者については、改善はされたが目標には到達できなかった。

つまり、保険によるカバー率は、一九九七年時点で四八％だったのが、二〇〇二年に五二・四％となり、二〇〇五年には六二・八％に増加したが、その後足踏みする。詳細は後述するが、任期末期の二〇〇七年で六四・六％にとどまった。

かわりに伸長したのが民間医療保険である。市場規模は二〇〇三年に六兆三四五三億ウォンだったものが二〇〇七年に一一兆一八七八億ウォンへと七六・三％増加した。加えて、国民皆保険でありながら事実上死角地帯が存在した。二〇〇七年基準で約三九〇万人に達する保険料未納による保険適用除外者が存在しており、彼らは医療費を全額自己負担せざるを得なかった。この人数は二〇〇五年に比べて三三・六％増加すらしていたのである。

雇用保険と新制度EITC

雇用保険はどうであっただろうか。盧武鉉政権は二〇〇四年一月に、日雇い労働者も保険適用対象に加えたので、制度的にはほとんどすべての労働者をカバーすることになった。しかも、雇用保険は、職業訓練、雇用補助、雇用創出対策を含んでおり、従来型の失業給付だけでなく、労働市場への失業者の復帰のためのプログラムである積極的労働市場政策を組み合わせた制度になっている。しかし、全労働者に対する雇用保険適用対象者の割合は二〇〇七年には五六・三％にとどまっている。一九九七年の三二％、二〇〇二年の四九・八％からは増加しているが、まだ半分弱の労働者が対象から漏れている。

最後に、盧武鉉政権が新しく導入したＥＩＴＣ（勤労連携型所得支援または勤労奨励税制）について触れておこう。

盧武鉉政権は、社会保険の適用対象となる条件を満たさず、そのままでは公的扶助対象者となってしまう可能性の高いワーキングプア対策の決定打として、二〇〇六年にＥＩＴＣの導入を決定した。実際に施行されるのは二〇〇八年である。ＥＩＴＣは、一定金額以下の低所得勤労者世帯に対して、勤労所得に応じて算定された勤労奨励金を国が支給し、働く意欲をかき立てることで、実質所得増加を後押しする制度である。

ＥＩＴＣは、ワークフェアの一種としてアメリカで制度が作られ、実施されている。韓国では、公的扶助を受給している、労働可能な者の九四・五％が非正規職で、ボーダーライン層も非正規職の比率が八七・二％と高いことから、ワーキングプアの本質は就業形態の不安定性にあると考えられている。それゆえ、ＥＩＴＣの導入は低所得者層が非正規職から脱し、公的扶助の対象者から外れるよう誘導するものと期待された。

しかし、効果は期待外れであった。それは、最大給付額が年額一二〇万ウォンと非常に低く、この制度で低所得者に勤労意欲を与えることにはならなかったからである。また、公的扶助受給者からの脱出も少なかった。脱受給によって失うもののほうが、ＥＩＴＣで得るものより大きかったのである。

さらに、ボーダーライン層一一〇万世帯中、二〇〇八年にEITCが支給されたのは五九・一万世帯にとどまり、残り半分は制度の死角地帯となっていた。つまり、EITCが勤労貧困層のセーフティネットとしての役割を果たせるのかも疑問が持たれる結果にとどまっているのである。

3　参加民主主義の逆説

沈静化する圧力団体活動

前節で見たように、盧武鉉政権は直面する新しい福祉圧力に対し、「参与福祉」をキーコンセプトに、金大中政権によって基礎が築かれた福祉国家の方針を実質化すべく目標を立て、マスタープランを作っていった。

北欧型の社会民主主義国家を目指すことを謳《うた》い、福祉が同時に投資であり、労働生産性の向上で経済の質を高めるという考えは、世界経済における韓国のポジションからすれば無謀な試みとはいえなかった。しかし、実際には盧武鉉政権は制度の充実という点で不十分な結果に終わる。それはなぜであろうか。

この疑問に対して多くの研究者は、盧武鉉政権は実際には新自由主義を追求した政権であったからと指摘する。盧武鉉はたしかに「支配勢力の交代」を掲げ、貧富の格差の縮小を追求しようとした。しかし、政権に参加した経済の専門家はほとんどが新古典派経済学を学んでおり、盧武鉉大統領は、経済政策の運営を実質的に彼らに委ねていた。新自由主義を信奉する彼らが、社会民主主義的な改革を充実させるはずがないと考えられたのである。

だが、第一章で見たように、改革の成否は政権内部の動きだけでは決まらない。金大中政権の進歩的な改革推進は、労働組合や市民団体などが影響力を発揮したことが大きい。同様に考えれば、盧武鉉政権についても政権内でのことだけではなく、外部でどのような政治過程が展開されたのかを見る必要がある。

実は、盧武鉉政権は、前政権とこの点が異なる。外部から政権への圧力が、福祉政策の分野では極端に減るのである。市民団体が不活発になったわけではない。彼らは、例えば政党法改正などでは活躍している。

ここで注目すべきは、参加民主主義と福祉政治の関係である。金大中、盧武鉉と続いた進歩派政権は、市民の声を政策決定過程に反映させることに熱心で、その制度化を図った。さまざまな福祉制度の審議会に市民代表を参加させ、盧武鉉政権はさらに、地方分権の推進と、地方における市民の政治参加を大幅に高める制度を設ける。だが、こうした参加民主主義の拡大が、逆に福祉サービスの充実と実質化を抑制していった可能性があるのである。

医療保険運営への市民参加

医療保険改革の政治過程を見ることで、その可能性について検証してみよう。

医療保険の重要な論点の一つは、保険者である国民が、どの程度自己負担をし、どの程度医療費を保険でカバーするのかである。この決定は、金大中政権登場までは官僚主導で決定されていた。

すなわち、二〇〇〇年までは、第一段階で韓国生産性本部、韓国人口保険研究院、延世大学人口および保険開発研究所、三逸《サミル》会計法人、韓国開発研究院、韓国医療管理研究院で病院経営数値分析を行い、医師の診療報酬や薬価などの引き上げ率を検討する。それを受けて、保険料率や患者の自己負担率を保健福祉部が経済官庁との合意のもとで決定した。つまり、保険福祉部長官が財政経済部長官と事前に協議し医療保険審議委員会審議を通じて決定していたのである。

ところが、一九八七年の民主化以降、一般国民が健康保険政策決定過程で声を上げ、非公式に影響力を行使しはじめる。一九八八年の全国民医療保険実施以降、農漁民の保険証返納運動、保険料納付拒否運動などそれまで見られなかった国民の抵抗運動が生まれ、国民が要求を組織化して伝えるようになる。その結果、例えば農漁村対象の地域医療保険が一九八九年一月に実施されるにあたって、住民の政治的圧力で組合財政に対する国庫補助比率が、当初の三五％から五〇％に引き上げられるなどの現象が起こるようになった。

金大中政権はそれを制度化する。一九九九年の国民健康保険法制定時に、保健福祉部内に最高政策審議機構である健康保険審議調整委員会を設置した。また、保険財政運営のために財政運営委員会も設置する。

前者は、保険者・加入者代表（農漁民、労組代表、市民団体等）八人、医薬系代表六人、公益代表六人で構成されている。後者は労組代表五人、使用者代表五人、農漁民・都市自営業者・市民団体推薦一〇人、関係公務員および公益代表一〇人で構成され、健康保険財政安定のための保険料調整など財政全般に関する事項を決定する業務を遂行することとなった。医師たち医療サービス供給者と一般国民が政策形成に公式に参加し協議する構造に変わったのである。

この変更は、保険料と診療報酬点数の決定過程を劇的に変えた。一例として、二〇〇〇年の財政運営委員会での決定を見てみよう。

保険料は、財政運営委員会の決定内容を斟酌《しんしゃく》して大統領令で決めることに変更されていたので、政府は健康保険料を九％引き上げる案を委員会に提出した。このときに、韓国労総と経総が反発し、引き上げ計画が留保された。彼らの主張は、医療サービス供給者の収入を決める診療報酬点数が引き下げられ、医師たちも収入減という形で負担を分担するのであれば、引き上げに応じるというものであった。つまり、保険者である国民と医療供給者、政府間での協議で保険料が決められるようになった。参加民主主義が進展しており、それまでのように官僚主導で物事が決まらなくなっていたのである。

医療保険改革の逆説

参加民主主義では、福祉に関する圧力が直接、政策の決定過程に反映するので、一般的には低所得層への再分配を強くする傾向を持ち、福祉国家の実質化に寄与すると考えられている。しかし、先ほどのように、財政収支を加味しての決定となると、必ずしも福祉国家の実質化に向かうとは限らない。給付を増やすためには、負担も増やさねばならない。サービス需要者である国民も負担と給付のバランスを考慮せざるを得なくなるからである。それが顕著に出たのが、二〇〇一年の健康保険財政危機への対応であった。

二〇〇一年に健康保険財政が大幅赤字に陥ったことを受けて、金大中政権は翌〇二年に健康保険財政健全化特別法を制定し、一般財政から医療保険に財政補塡《ほてん》を行うことにした。その過程で、決定を迅速に行う目的もあって、保険料率は公団財政運営委員会ではなく保健福祉部傘下に新たに設置した健康保険政策審議委員会の議決をへて大統領令で決定することになる。

診療報酬と薬価を決める診療報酬点数は、公団と医薬系代表間の契約として、財政運営委員会で審議・議決することはこれまでと同じだが、契約不調時には健康保険政策審議委員会で審議・議決をへて保険福祉部長官が決定することと変更した。これは一見すると、財政再建という危機を前に、負担とサービスのバランス決定に国家が主導的役割を果たす側面が強くなったように思えるであろう。しかし、健康保険政策審議委員会には、労働者を含む加入者代表が三分の一を占めており、残りは、医師など医療サービス供給者三分の一、公益委員三分の一であって、一般国民が決定過程に参加することは保障されていた。

このメカニズムが、診療費の保険カバー率を、盧武鉉政権が目標とした八〇％には遠く届かず、一定程度にとどめる効果を発揮する。二〇〇五年には、医療サービス供給者と一般国民である保険者は政府の健康保険カバー率強化を前提に診療報酬点数、保険料引き上げに同意する。政府はカバー率が八〇％程度になるよう努力すべきで、供給者もこの実現に最大限努力すべきとの前提条件が付された。

これを受けて六月に、政府は「保障性拡大のためのロードマップ」を策定し、給付率の向上を進めることにした。このロードマップでは、給付対象の拡大や患者自己負担の引き下げなどにより、二〇〇四年の給付率六一・五％を〇五年に六五％、〇六年に六八％、〇七年に七〇％、〇八年に七一・五％と徐々に引き上げていくことを目標とした。

しかし、健康保険政策審議委員会では医療保険財政の赤字問題も取り上げられるため、参加者は負担と給付の関係を意識せざるを得なくなる。それゆえ、健康保険財政が赤字の場合は保険料率の引き上げが先行し、黒字に転じればカバー率を同時に引き上げるようになる。結果、二〇〇五年のカバー率は六二・八％、〇六年には六四・三％、〇七年には六四・六％、そして〇八年には六二・二％と停滞し、政府の目標は達成されなくなったのである。

労働組合も市民団体も不活性化したのではない。参加の道はむしろ開かれたし、活用することもできた。しかしこの参加によって、労働組合も市民団体も自らの主張だけでなく、保険財政の状況を考慮するがゆえに、福祉拡大を抑制するという、逆説が生まれたのである。

地方分権の逆説

同様の局面は、地方分権によっても起こった。

盧武鉉政権は、地域主義打破の文脈から、行政の中央集権構造を転換するため、地方分権推進ロードマップを作成した。政権参加者たちは、韓国の従来の地方統治構造はきわめて歪《いびつ》だと認識していた。地方自治体が行う事務のうち、国家事務が七三％を占め、地方固有の事務は二四％に過ぎない。税収項目も、国税八〇％、地方税二〇％と国家財政と地方財政の不均衡が著しく、不完全な自治制度で、自治体の能力と住民参加の不足が甚だしいと考えていた。

そこで、盧武鉉政権は、金大中政権下で、住民による条例改廃請求権制度、住民監査請求制度が導入されたのに続いて、住民参加を拡大するために、住民投票法（二〇〇四年）、住民訴訟制度（〇五年）、リコール法（〇七年）を次々と制定した。事業の地方移譲も大幅に進めた。二〇〇五年には、五三三件の国庫補助金事業のうち一四九件の事業を地方に移譲し、所用の財源についても、分権交付税として地方に移譲された。このうち、福祉に関して地方に移譲された事業は六七件で、所用予算一兆三二九〇億ウォン中、分権交付税と一般財政費で一兆一三七一億ウォンが措置された。

地方自治体でも、先ほどの医療保険のように、住民参加のメカニズムが構築されていった。二〇〇三年七月には社会福祉事業法が改正され、〇五年七月より地域社会福祉協議会が設けられた。地域の福祉団体、NGOなどが地域内社会福祉事業に関する重要事項と地域社会福祉計画を審議し、地域内保健福祉サービスを連携させる機能を持つようになった。

地方分権改革によって、福祉サービスの内容を、現場から遠い中央政府が決定するのではなく、福祉需要が実際に発生している地方自治体が決めることができるようになった。制度が変わって新たに意思決定に参加できるようになった福祉団体やNGOは、現場の声を聞いてサービスの充実に乗り出す。それを反映して、地方自治体は福祉を充実させる。それゆえ、韓国全体として福祉予算も増大するはずである。盧武鉉はこうした、下からの福祉増大を期待していた。

伸び悩む福祉財政

しかし、盧武鉉政権の間、福祉予算も地方予算も意外に伸びなかった。2-2は盧武鉉政権期の地方自治体が使用できる財源の規模と伸び率を関連経済指標とともに示したものである。先に述べたように、盧武鉉政権期は地方分権改革を行い、財源移譲も行った。しかし地

2-2　盧武鉉政権期の地方財政

	自治体可用財源	増加率	経済成長率	政府財政規模（対GDP比）	国民負担率（対GDP比）	国家債務比率（対GDP比）
2002	77.9	–	7.2	18.9	23.2	18.6
2003	86.3	10.8	2.8	21.4	24.0	21.6
2004	88.4	2.4	4.6	21.0	23.3	24.6
2005	95.5	8.0	4.0	21.7	24.0	28.7
2006	106.9	11.9	5.2	22.7	25.0	31.1
2007	116.8	9.3	5.1	21.5	26.5	30.7
2008	130.5	11.7	2.3	23.3	26.5	30.1

［資料］財経会・予友会（2011）『韓国の財政60年—健全財政の道』毎日経済新聞社。
自治体可用財源の単位は兆ウォン、それ以外は％

方財政の規模は年平均一〇％の伸びにとどまった。この間の平均経済成長率は四％、国の借金の規模を示す対GDP比国家債務比率は多いときでも三〇％台にとどまっており、経済・財政とも健全性を保っている。従来の福祉体制の貧弱さと福祉の主役が地方に移ったことを考えると、地方財政はもっと大きくなってよいはずである。なお、税金・各種保険など公的支出のために国民が負うべき国民負担率は二〇％台にとどまり、先進国としてはきわめて低い水準のままである。

福祉予算そのものは、中央と地方合わせて年平均約二〇％増加している。しかし、地方財政における社会保障支出は、分権化による財源移譲にもかかわらず、二〇〇三年から二〇〇七年までの平均で一五％弱にとどまる。地方財政に社会保障支出が占める比重は、二〇〇七年段階でも一五・四％であり、重視されているとはいえない。ただ、二〇％という数字そのものも、金大中政権期と変わらず、高齢化の進行を考えると自然増の範囲内と考えてもいい。つまり、地方自治体が現場の声を聞くことで福祉が充実するという、地方分権化によって期待されたことは、現実には生じていないのである。

地方分権化と参加民主主義の進展による福祉政策の形成・執行過程の変容は、医療保険改革のような逆説をもたらすとはいえない。医療保険とは異なり、自治体の実施する社会福祉事業は一般財政からの支出であり、福祉サービスに関する負担と給付の関係は曖昧である。それゆえに、地域住民の声を反映させることは、福祉サービスの拡大につながりやすいはずである。

地方分権化の逆説は、分権化という制度変化それ自体によって説明するには不十分で、なお疑問が残る。分権化と参加民主主義の進展によって地方の福祉政治に参加するようになった団体は、なぜ福祉サービス拡大に動かないのであろうか。

4 屈折した福祉政治

福祉縮小をとどめるもの

地方分権改革にもかかわらず、福祉充実の主役となるはずの福祉団体やＮＧＯが福祉の充実に熱心でないという奇妙さは、本当は分権化の逆説にとどまらない。韓国の福祉政治で不思議なのは、市民団体や労働団体が政治過程に参加してきているのに、福祉団体はあまり目につかないということである。これは、世界の比較福祉政治の文脈とは随分異なる。

一般的に、福祉政策においては、豊かな人々から貧しい人々に所得を移転させる再分配の側面が強い。それゆえ、福祉政策をめぐる政治的対立は、富裕層対貧困層、あるいは資本家対労働者という、階級対立の構図で描かれることが多い。このことから、福祉政治の舞台には、福祉サービスを推進する勢力として労働組合、社会民主主義政党、市民団体が登場する。

しかし、福祉国家化が進展すると、福祉サービスの提供それ自体に利益を見出す団体が登場するようになる。福祉は、膨大な資金の流れと作業量を必要とする過程で、福祉を国民の権利として保障する福祉国家であれば、その分量は国家財政の過半を占めるのが普通である。それゆえ、福祉国家の進展は福祉団体やNGOなどを必要とし、彼らが発言権を有するようになる。通例、彼らは福祉サービスの拡大に利益を有するので、サービス縮小には反対する。

アメリカの政治学者で比較福祉国家論の牽引《けんいん》者の一人であるポール・ピアソンによると、このような団体の存在が、二〇世紀の最後に訪れた福祉国家縮減の時代にも福祉の規模を縮小させないことに寄与したとする。第二次世界大戦後、先進国はいずれも福祉国家化した。だが、一九七〇年代に戦後の高度成長時代を終えると、福祉国家は軒並み財政赤字に悩み、機能不全に陥る。そこで、新自由主義という新しい経済政策の考え方が普及し、福祉政策を縮減させようとした。同時期、福祉国家化を推進してきた労働組合が衰退し、社会民主主義勢力も衰えていく。ところが実際には先進国で福祉政策は縮減していない。その回答に挙げられたのが、縮減に反対する福祉団体の存在である。

不思議な韓国の福祉政治

韓国の場合、労働組合や市民団体とは対照的に、福祉団体が政治面で登場する機会が少ない。なぜ韓国では福祉団体が声を上げないのであろうか。それには、大きく分けて二つの答えが考えられる。一つは、そもそも福祉を推進する団体があまり存在しないということである。もう一つは、存在はするが、福祉拡大に積極的ではないということである。

ここでは、日本の政治学者である辻中豊らが行った「団体の基礎に関する調査（韓国）」（以下、K－JIGS2）というアンケート調査を活用して、計量的にアプローチしてみる。辻中らは、日本を含めた世界の主要国で、利益集団・市民社会を対象に団体世界の構造を分析するためのアンケート調査を行っている。韓国については、盧武鉉政権終了直後の二〇〇八年に、日本のNTTに相当する電話会社KTの電話帳をもとに、全国の社会団体から無作為抽出された団体に対して行っている。サンプル数は一〇〇八である。このアンケートでは、社会団体の性格、関心、政治への影響力など多岐にわたる質問を行っており、豊富な情報をもたらしてくれる。

ここでいう「団体」とは、家族などの伝統的共同体、官僚機構などの国家的組織、民間営利企業以外の、人々が組織した団体全体を指す。この調査で対象となるのは、同好会・スポーツクラブなどの趣味の団体から経済界などの業界団体、市民団体まで含んでおり、広く「市民社会」に属するあらゆる団体を網羅している。団体の種類や数、その性格を分析することで、韓国の市民社会・利益団体世界の構造を理解することができるのである。

福祉政策への関心

福祉政治に関する韓国の団体構造を分析してみよう。ポイントは、団体が福祉政策にどの程度関心を有しているのか、福祉政策に関する関心の持ち方の違いは政治経済に関する団体の考え方とどのように関係しているのか、政策決定への影響力に差異は見られるのかである。

第一に、そもそも韓国の団体は福祉政策に関心を有しているのか見てみよう。

K－JIGS2では、団体がどういう政策に関心を有するのかを三つまで挙げてもらい、そのうちもっとも関心を有する政策が何であるかを回答させている。これによると、福祉に関心を有する団体は五五・五％であり、過半数の団体が福祉に関心を有していることがわかる。もっとも関心を有するとする団体は三五・五％で、他の政策領域に関心を持つ団体に比して突出して多い。これより、団体世界で福祉が重要なテーマになっていたことがわかる。

ただし、関心の持ち方には濃淡があるので、それにより団体をグループ化する。福祉への関心の度合いは、大きく三つに分けられる。度合いの強さの順に、福祉政策にもっとも関心を有する団体、もっとも関心を有するわけではないが、関心を有する団体、関心のない団体

2-3　団体分類と福祉関心別分類

		福祉関心別分類			(%)
		全国的中核関心団体	中核的関心団体	非中核関心団体	無関心団体
団体分類	農林水産業団体	0.0	6.2	16.7	77.1
	経済・業界団体	2.1	0.0	8.3	89.6
	労働団体	0.0	0.0	40.0	60.0
	教育団体	0.0	3.8	19.2	76.9
	行政関係団体	0.0	16.7	25.0	58.3
	福祉団体	9.1	69.4	12.0	9.5
	専門家団体	0.0	5.6	16.7	77.8
	政治団体	0.0	0.0	50.0	50.0
	市民団体	4.7	14.0	24.3	57.0
	学術・文化団体	0.0	5.0	15.0	80.0
	趣味・スポーツ団体	3.2	16.1	16.1	64.5
	宗教団体	4.0	32.0	26.7	37.3
	マスメディア団体	0.0	0.0	0.0	100.0
	退職者団体	0.0	13.0	17.4	69.6
	地縁団体	4.7	11.6	11.6	72.1
	その他	4.5	32.1	17.9	45.5
	全体	4.5	31.0	18.2	46.3

に分けられる。

第一の団体のうち、全国規模で活動する団体と、主として自治体を舞台に活動する団体とでは、政策への関心の持ち方や全国的影響力に違いがあることがわかっている。そこで、第一の団体のうち、全国レベルで活動するものを「全国的中核関心団体」、自治体レベルで活動する団体を「中核的関心団体」と呼び、残りのグループを、それぞれ「非中核関心団体」、「無関心団体」と呼ぶことにする。K-JIGS2は団体分類も聞いているので、いかなる団体が関心を持ち、あるいはそうでないのかを同時に見ておこう。

2-3を見てみよう。福祉政策に関心のある団体は、福祉団体、宗教団体、市民団体、行政関係団体に偏っており、他の団体はあまり関心を有していない。とりわけ関心を引くのは、労働団体の関心の弱さである。労働勢力は、ウィーン出身の経済学者であるカール・ポラニーのいう「市場経済の安定装置としての福祉国家」の恩恵をもっとも受けるはずの集団でありながら、無関心団体が六割とかなり多い。

福祉政策に関心を持つ団体構成は、関心のレベルによって異なる。全国的中核関心団体と中核的関心団体では、福祉団体、宗教団体で割合が多いが、非中核関心団体では労働団体、行政関係団体、市民団体の割合が多くなる。

先ほど、福祉政治に福祉団体が声を上げない理由として、そもそも数が少ないという答えがありうるといったが、それはデータを見る限り当てはまらない。韓国に福祉団体はたくさんあり、福祉政策に関心を有する団体も多いのである。ローカルなレベルで活動する団体も多いので、分権化によって団体の声が反映されなくなるということも考えられない。

イデオロギーの重要性

第二に、福祉政策への関心度合いによって分類されたそれぞれのグループが、政府の政策、とりわけ政治と経済の関係についてどのような政策を好むのか見てみよう。

一般的に、福祉政策には巨額の資金が必要であり、政府の経済への介入を是としない限り成立しない。それゆえ、福祉への関心の度合いが強ければ強いほど、大きな政府に肯定的であると予想される。つまり、全国的中核関心団体と中核的関心団体が大きな政府により肯定的で、非中核関心団体、無関心団体はより否定的な傾向になるという予測が立つ。

K－JIGS2では、団体の意見を一〇項目で尋ねている。つまり、①評価基準としての政策の効率性、②主要課題は所得格差の是正、③国の経済への関与の縮小、④非効率部分の過剰保護、⑤主要課題は地域間格差の是正、⑥経済成長より環境保護の政治、⑦国民の政治参加拡大、⑧安全のための自由制限、⑨権限の自治体への委譲、⑩企業の社会貢献、以上の一〇項目について賛成から反対までを五点尺度で尋ねている。

これらの質問に対する団体の回答はさまざまであるが、ある一定の共通性が観察できる。例えば、②「主要課題は所得格差の是正」と、⑤「主要課題は地域間格差の是正」の間には相関関係がある。つまり、②で賛成と答えた団体は⑤でも賛成と答える傾向が見られる。おそらくこの二つの質問に対する回答パターンを決めている、より根源的な要因が存在するであろう。他の質問との間にも類似した関係が考えうる。つまり、これらの質問に対する団体の答えに影響を与えている要因（因子）が存在すると考えられる。それを、因子分析という、質問間の相関関係を利用して因子を探る方法で導き出してみた。

その結果が2－4である。因子は三つ抽出された。第一因子は所得格差の是正、地域間格差の是正、国民の政治参加拡大、企業の社会貢献との間で係数（相関）が大きいので、主として経済政策に対する進歩―保守に関する因子と解釈できる。第二因子は政策の効率性、自

2-4　政策への考え方に関する因子分析結果

	因子		
	1	2	3
評価基準としての政策の効率性	0.274	0.530	0.077
主要課題は所得格差の是正	0.630	0.129	-0.022
国の経済への関与の縮小	0.084	0.124	0.492
非効率部分の過剰保護	-0.003	0.007	0.472
主要課題は地域間格差の是正	0.669	0.122	-0.007
経済成長より環境保護の政治	0.320	-0.286	0.275
国民の政治参加拡大	0.568	0.049	0.145
安全のための自由制限	0.091	0.597	0.072
権限の自治体への委譲	0.404	0.346	0.302
企業の社会貢献	0.547	0.208	0.107

注）因子抽出法：主因子法
注）回転法：Kaiserの正規化を伴うバリマックス法

由の制限に関する意見との間で係数が大きいが、何を指しているのか解釈は難しい。第三因子はあまり特徴がはっきりせず、市場への政府介入、経済の脆弱な部分への保護に関する意見との間で係数がやや大きい程度にとどまる。

先ほど述べたように、福祉政策への是非は政府の経済への介入をどう考えるかと深く関係している。進歩—保守に関する第一因子が抽出されたということは、こうした理論的な予測に符合している。そこで、福祉政策への関心の強さと、この因子との間に関連があるかを見てみる。

福祉に関心あるほど保守的？

因子が団体の回答に与えている影響は、団体によって異なる。ここでの分析の場合、第一因子である進歩—保守の要因に強く影響されて回答している団体もあれば、そうでない団体もある。因子分析では、各団体がどの程度その因子の影響を受けているのかを示す指標として、団体ごとに因子得点を計算している。因子得点の絶対値が大きい団体ほど、その因子の影響を強く受けているということができる。影響はプラスマイナス両方ありうる。例えば、第一因子についていえば、各団体が進歩的であればあるほどプラスに大きな値になり、保守的であればあるほどマイナスに大きな値になる。

そこで、因子得点を福祉政策への関心の強さで行った分類に従ってグループごとに平均してみた。その結果が2-5である。興味深いのは、その位置である。もっとも進歩的なグループは、福祉に関心はあるが数ある政策分野のなかでもっとも強い関心を有しているわけではない非中核関心団体で、次に全国的中核関心団体、中核的関心団体、無関心団体の順となる。非中核関心団体が際立って進歩的で、福祉政策に中核的関心を持つ団体は予想外に保守的なのである。

2-5　政策選好（進歩—保守）の因子得点比較

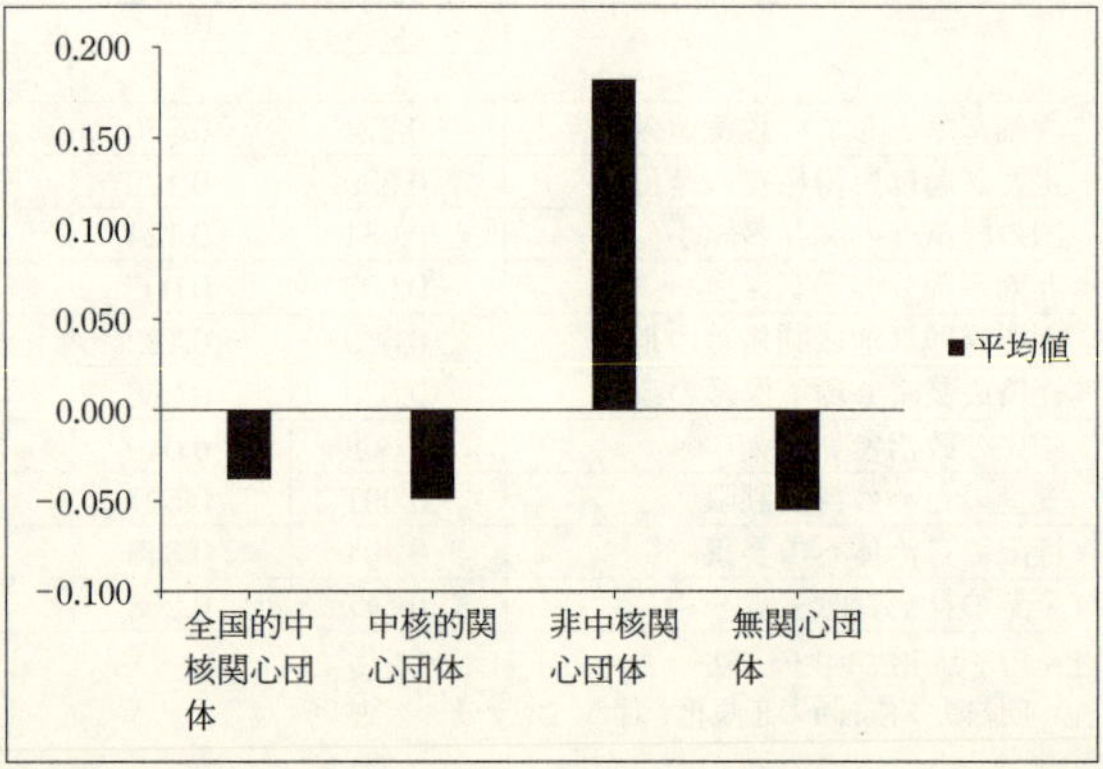

他の団体との対立―協調

政策への関心の違いを、他の団体・政府組織などとの対立―協調関係から見てみよう。対立―協調関係にはさまざまな面があるが、重要なのは利益をめぐる対立である。彼らが保持・促進したい利益と、他の組織のそれが異なれば対立し、そうでなければ協調するであろう。

K-JIGS2では計二七の団体・組織に対して自分たちが協調的か、対立的かを尋ねている。このうち、外国団体などを除き国内政策に関連の深い二三の団体・組織との関係を見てみる。対立―協調関係が何によって生まれているのかを、先ほどと同じ因子分析によって見たところ、2-6のように三つの因子が抽出された。各因子と関連の強い項目を網掛けで示している。

第一因子は、大統領府などの政府機関や裁判所、警察、大企業などとの間で係数が大きいので、現行政治経済体制を肯定的に見ているか、否定的に見ているか（プロシステム―アンチシステム）を示すものと思われる。第二因子は市民団体、労働団体など一般的に進歩的といわれる団体と協調的か否かを示すので、進歩―保守の軸であろう。第三因子は広域市・道や市郡区などの地方行政組織との協調性を示しており、地方行政との関係を示すものである。一般に、韓国の団体はこれら三つの軸で協調的か対立的かが決まると読み取れる。

2－6　団体・組織との対立―協調関係の因子分析

	因子		
	1	2	3
農林水産業団体	0.413	0.444	0.164
経済・業界団体	0.573	0.405	0.169
労働団体	0.243	0.667	0.092
教育団体	0.225	0.642	0.233
行政関係団体	0.317	0.372	0.521
福祉団体	0.058	0.447	0.518
専門家団体	0.305	0.666	0.215
市民団体	0.123	0.774	0.167
女性団体	0.264	0.697	0.164
学術・文化団体	0.379	0.664	0.162
趣味・スポーツ団体	0.381	0.611	0.186
宗教団体	0.204	0.494	0.114
自治会	0.243	0.560	0.350
青瓦台	0.849	0.200	0.239
中央政府	0.840	0.195	0.195
与党	0.803	0.204	0.274
野党	0.634	0.343	0.179
広域市・道	0.562	0.180	0.554
市郡区	0.339	0.159	0.805
裁判所（憲法裁判所等）	0.692	0.447	0.101
警察	0.654	0.353	0.234
大企業	0.671	0.378	0.122
マスメディア	0.486	0.569	0.095

注）因子抽出法：主因子法
注）回転法：Kaiserの正規化を伴うバリマックス法

2-7　対立—協調関係の因子得点比較

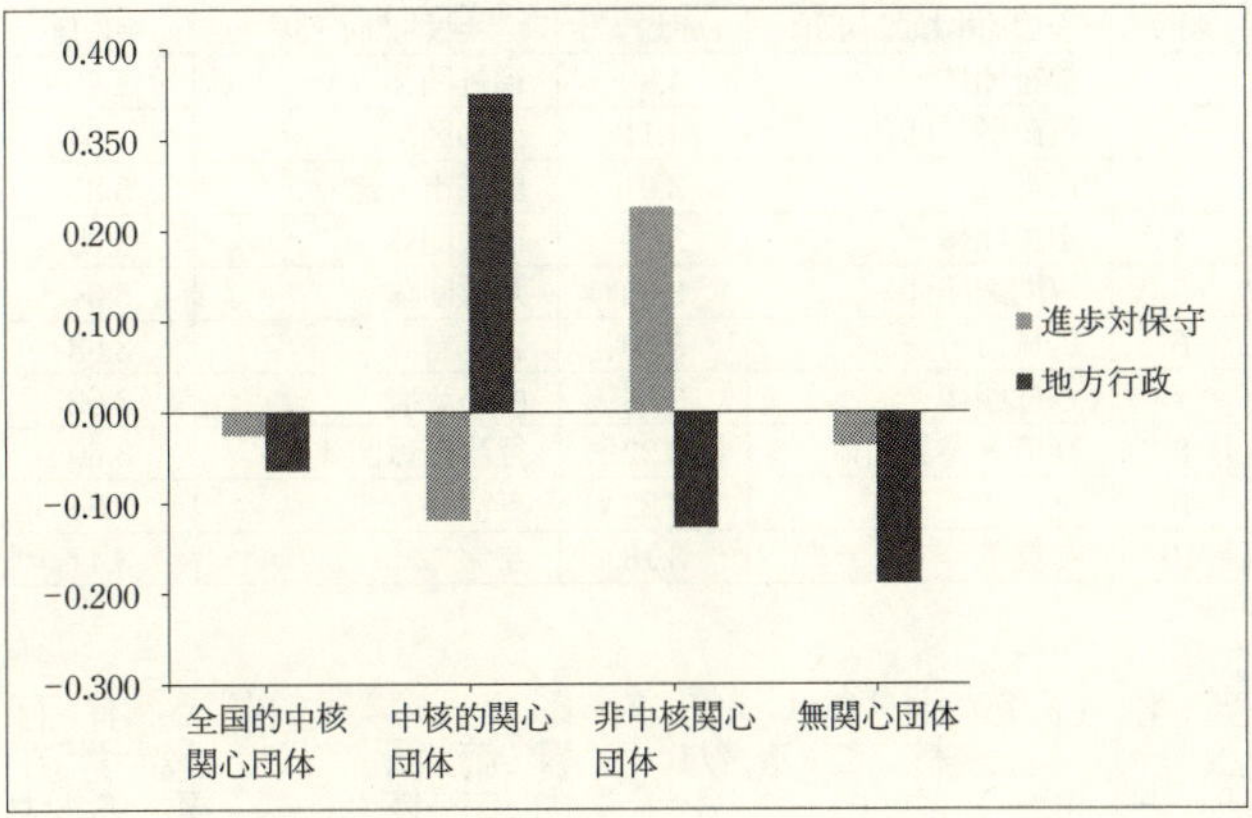

それぞれの因子が、福祉への関心別に行った分類と関係はあるのか。先ほどと同様に因子得点の平均値を比較したところ、第一因子についてはグループ間で違いが見られなかった。他方、第二因子と第三因子では明確に差異が存在する。この二つの因子に関する各団体の因子得点をグループ別に平均してみたのが、2-7である。第二因子である進歩—保守の軸では、中核的関心団体は数値がマイナスで、非中核関心団体では逆にプラスである。これは、中核的関心団体が保守的な団体と協調的で、非中核関心団体が進歩的な団体と協調的であることを示している。第三因子である地方行政の軸でも両者は対照的である。中核的関心団体は地方行政組織等と協調的であるのに、非中核関心団体は無関心団体と同様に対立的である。

以上をまとめると、福祉政治について、常識的な理解とはかなり異なる構図が韓国の団体世界に

2-8 福祉政策に対する団体の影響力認識

順位	全国的中核関心団体	平均値	中核的関心団体	平均値
1	福祉団体	4.80	福祉団体	4.79
2	行政関係団体	4.11	市郡区	4.54
3	市郡区	3.91	広域市・道	3.85
4	市民団体	3.79	市民団体	3.66
5	専門家団体	3.63	宗教団体	3.64
6	広域市・道	3.39	青瓦台	3.63
7	宗教団体	3.38	中央政府	3.62
8	経済・業界団体	3.22	行政関係団体	3.60
9	マスメディア	3.22	自治会	3.54
10	与党	3.18	与党	3.47

存在することがわかる。すなわち、福祉にもっとも関心を有するはずの中核的関心団体が保守的で、逆に関心はあるが最重要とは認識していない非中核関心団体がかなり進歩的で、政府の市場介入に肯定的なのである。

団体の影響力

第三に、団体の影響力を見てみよう。福祉政策には誰が影響力を有しているのか。K-JIGS2では、各団体に対し、自分が関心のある政策領域について誰がどの程度影響力を有していると評価しているのかを七点尺度で問うている。

このうち、福祉政策に関して、全国的中核関心団体と、中核的関心団体がどのように評価しているか、高いほうから一〇位までを示したのが2-8である。両者の評価のうち、共通していえるのは、福祉政策に関しては福祉団体がもっとも強い影響力を有すると評価していることである。当然といえば当然なのだが、辻中らが行った日本での団体調査では第一位に官僚が上がっているので、日本を基準に見ると随分違う印象を受ける。韓国のほうが日本よりも官僚の影響力が小さく、政策が官僚主導で形成されているとは思っていないことを示すものである。

他方、二位以降は両者に違いがあり、全国的中核関心団体は、行政関係団体、市郡区、市民団体、専門家団体となり、中核的関心団体では市郡区、広域市・道、市民団体、宗教団体の順となる。興味深いのは、市民団体や地方自治体の影響力は高く評価されているが、中央政府、政党への評価が低いことである。これは、盧武鉉政権下で行われた地方分権改革の結果、福祉政治の主要舞台が地方に移っていることと、金大中政権以降市民団体が福祉政治で重要な役割を果たしてきたことを反映している。

では、団体は、自らの団体の影響力をどう評価しているのか。K－JIGS2では五点評価で聞いている。値が五に近いほど評価が高く、一に近いほど低い。2－9に見られるように、どのグループでも二点台であり、全体として彼らの自己評価は高くない。

ただし福祉への関心別に影響力の認識には差があり、非中核関心団体・全国的中核関心団体は高いが、中核的関心団体は比較的低いといえるだろう。

2－9　団体影響力の自己評価

	平均値
全国的中核関心団体	2.90
中核的関心団体	2.53
非中核関心団体	2.90
無関心団体	2.72
合計	2.70

2－10　マスメディアに取り上げられた回数

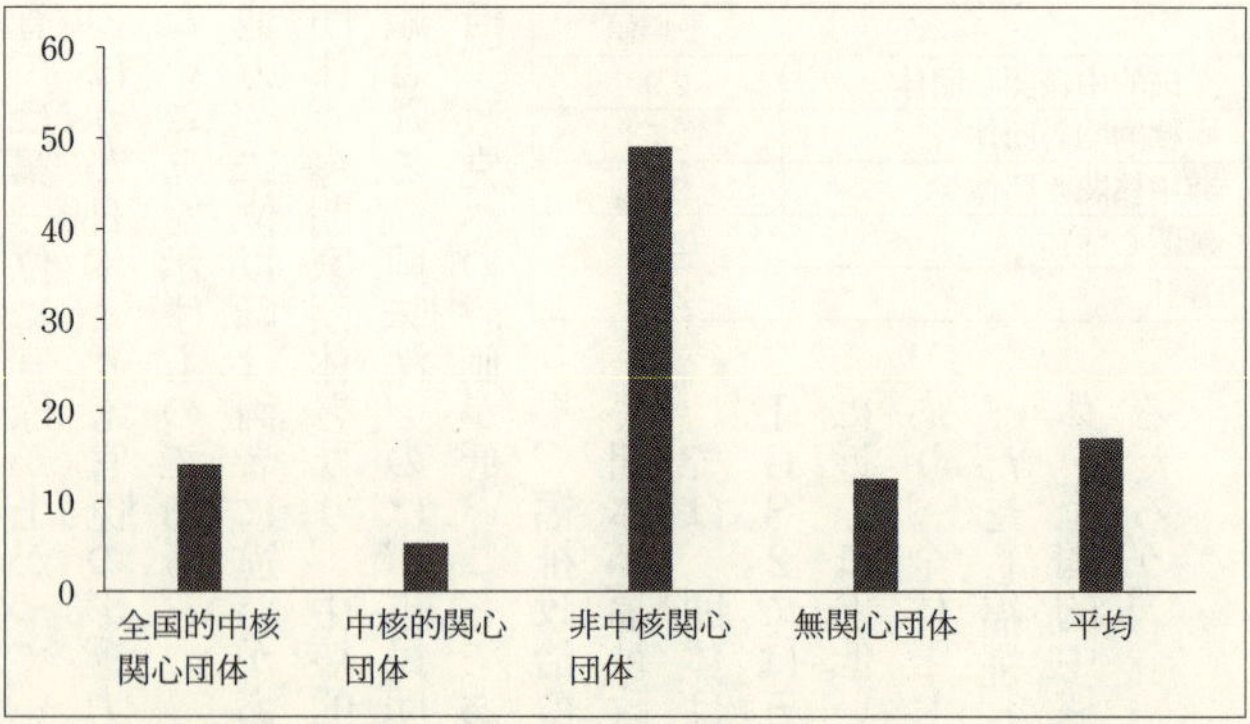

行動しない福祉勢力

ここまで見てきた団体の影響力認識は、彼ら自身の行動に裏付けられる。

K－JIGS2では、マスメディアにどの程度取り上げられるのかと、政策活動に関する成功体験を尋ねているので、それを見てみよう。2－10にあるように、過去三年間にマスメディアに取り上げられた回数は、非中核関心団体が五〇回近くと突出して多く、全国的中核関心団体、無関心団体が続くのに対し、中核的関心団体は五回以下と顕著に少ない。

次に、2－11で、国政、地方それぞれのレベルで、自身が政策の実現・阻止に成功したことがあるのか、成功体験を見てみよう。国政レベルでは、実施、修正、阻止のいずれのレベルでも非中核関心団体の成功体験が際立ち、他方中核的関心団体はその経験が少ない。自治体レベルですら、非中核関心団体の修正での成功体験が際立っている。

2-11　政策活動に関する成功体験

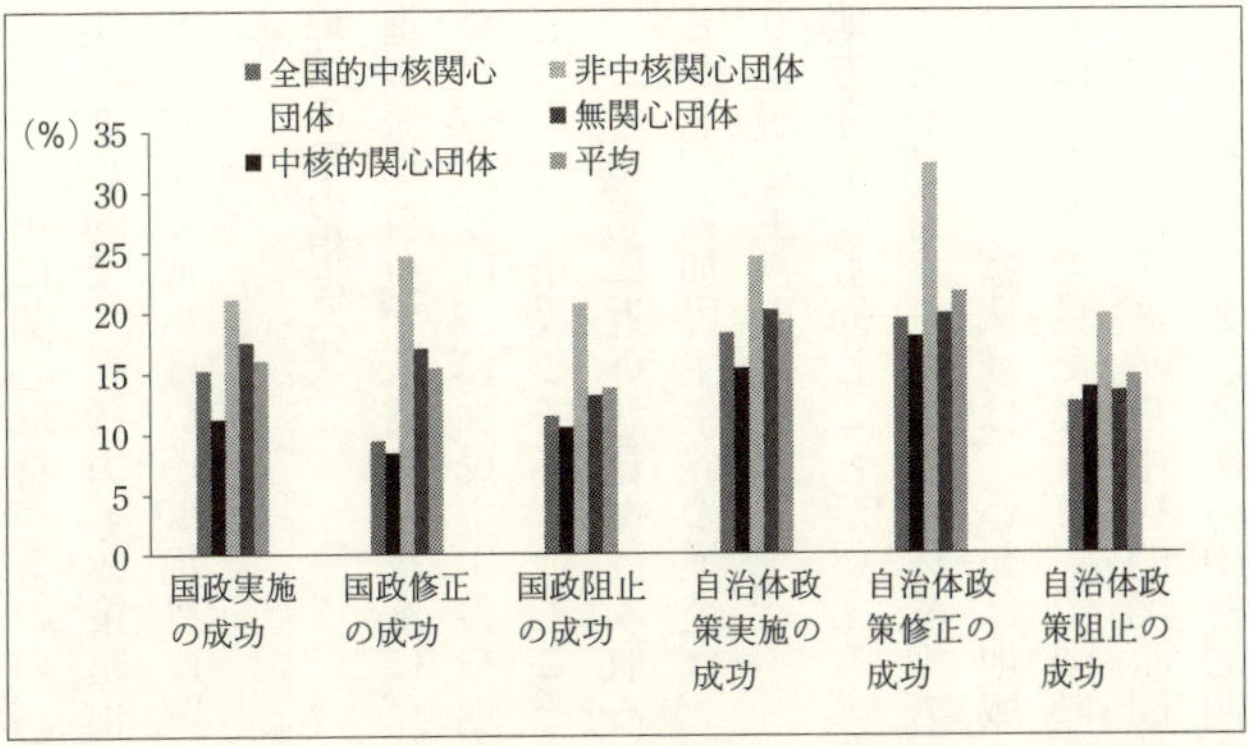

影響力に関する自己認識は、客観的に観測しうる政策に対する関与行動と強い関係があると考えてよい。すなわち、非中核関心団体は政策過程に影響力を有するが、中核的関心団体はあまり影響力がなく、政策過程への働きかけも不活発である。全国的中核関心団体と無関心団体はその中間に位置する。

以上をまとめると、次のように整理できる。

韓国の福祉政治の団体的基礎は、福祉政治に関する理論的予測とはかなり異なる。比較福祉政治研究が教えるところによれば、福祉団体など、福祉に強い関心を持つ団体であればあるほど、福祉の充実に積極的であり、それゆえに政府の市場介入に肯定的である。ところが、韓国では、福祉にもっとも強い関心を有する団体（全国的中核関心団体、中核的関心団体）が意外にも市場への政府介入に否定的である。とりわけ中核的関心団体は保守的であるうえ、影響力に乏しく、政策形成上の主導的役割は難しい。

他方、福祉に関心は持つものの、もっとも強い関心を有しているわけではない非中核関心団体が進歩的で、影響力も政策阻止・修正体験もあるため、福祉政治に主導的役割を果たしうる。しかし彼らはいつも福祉に関心を持つわけではない。

地域の草の根保守

進歩派を自負する盧武鉉政権は、社会保障の充実を掲げ、参加民主主義、地方分権を推進した。盧武鉉は、参加民主主義や地方分権の推進が、社会保障の充実につながるものと期待もしていた。市民こそが、地方こそが、福祉を充実させるために何が必要かをよく知っている。より現場に近い意見を汲み取ることが重要であると確信していたであろう。

しかし、参加民主主義の推進は、市民が負担を考慮するからこそ福祉の拡大を抑制するという逆説を生み出した。

地方分権でも同じことがいえる。参加民主主義が充実したことで福祉政策形成の一翼を担うことを期待された福祉団体や地方のNGOが保守的であり、福祉の拡大を必ずしも望んでいなかった。盧武鉉は、いわば地域の草の根保守に足下をすくわれたわけである。

先にデータで見たように、韓国には福祉に関心を持ちながら保守的という特異な事情がある。改めてデータから中核的関心団体のプロフィールを描くことで、さらに詳しく見ていこう。先に挙げた2-3から中核的関心団体の団体分類構成を確認すると、六九・四％の福祉団体に次いで三二%の宗教団体が福祉に対してもっとも強い関心を有していることがわかる。宗教団体が福祉に強い関心を持つのは、彼らの日常活動を考えれば理解可能である。とりわけ、韓国の宗教団体は慈善活動も活発に行っている。しかし、彼らの活動が行政の行う福祉サービスと競合的であることを考えると、行政による福祉の充実に好意的でないとしても不思議ではない。中核的関心団体における宗教団体の比重の大きさが逆説の一部を説明するであろう。

ただし、中核的関心団体の大半は福祉団体である。なぜ福祉の充実に肯定的でないのか。その答えは、福祉団体が地方自治体と密接な関係にあることと関係している。

2-7に示したように、中核的関心団体は地方行政と協調的で、地方の財政事情の苦しさを行政が訴えればそれに同調する存在である。実は、福祉団体の収入の三五%が行政からの補助金である。団体全体の平均が二三%なのと比べるとかなり高い。韓国の福祉団体は地方自治体から行政指導を受けることも多いため、行政にきわめて依存的な存在なのである。

また、福祉団体のメンバー構成も保守的な傾向を示している。全団体平均で三五%を占める大卒者の割合が福祉団体の場合は二一%に過ぎず、農民・主婦の割合が比較的大きい。参考までに、アンケート回答者のイデオロギー傾向も、他のグループはほぼ中道であると回答しているのに対し、このグループはやや保守的である。

地方の福祉団体を主体とする中核的関心団体は、比較的保守的な人々が、行政との強い関連のもとで結成したのである。こうした団体が地方自治体の意向や財政事情を無視して福祉需要の拡大を叫ぶはずがない。地方分権化が福祉需要を抑え込むという逆説は、このような団体の性格から生まれるのである。

均衡点としての「萎縮した」社会民主主義

盧武鉉政権の時期に、なぜ社会保障政策が量的に充実しなかったのであろうか。

この疑問に対するヒントは、本節の冒頭で指摘した、福祉政策決定過程であるのに、福祉団体が登場せず、市民団体の動きばかりが目立つという、韓国特有の現象から見出されるであろう。大きな声を上げて社会福祉の充実を叫ぶ市民団体の多くを含む非中核関心団体は、福祉に常に関心を持つわけではなく、また最優先の課題ではない。つまり、市民団体は移り気で福祉政策への関心を持続させるものではない。

他方、福祉政策の拡大にもっとも関心を持つべき福祉団体をはじめとする全国的中核関心団体と中核的関心団体は、政府の市場介入に否定的で、福祉の拡大につながる政策を好ましいとは思っていない。結局、市民団体のがんばりで社会民主主義モデルの制度は導入されるが、その拡大は望まれず、推進もされないということになる。「萎縮した」社会民主主義が韓国特有の団体の性格を勘案した均衡点であったのであろう。

しかし、この状況を盧武鉉は喜んでいたわけではない。彼は明らかに福祉の拡大を望んでいた。彼の死後の二〇一〇年に刊行された自伝では次のように述べている。

予算をもっと出したかったが、関連部処は事業を早くは作ってこなかった。毎年目標値を与えて公務員たちに命令を出して、無条件に事業を作ってこいと言わねばならなかった。福祉支出が出せるべく余裕を持ってやれという方針のみ与えて関連部処が計画を立てるのを待った。予算関連報告を受ければ、その場合福祉支出の比重がどれだけ伸ばせたのか尋ねてみるという風にした。なのでその程度しかできなかった。目標を定めて指示し、公務員たちを催促する風に無理をすべきだったのに馬鹿みたいにしてしまった。

（盧武鉉財団〔二〇一〇〕『運命だ——盧武鉉自叙伝』トルベゲ）

盧武鉉は待っていたのである。彼が反省するように、福祉を充実させたいのなら、待っていたこと自体が誤りであったという批判は可能である。しかし、福祉の要求が現場から上がってくるメカニズムを、参加民主主義の制度化と地方分権で作った彼としては、それを待って、需要に応じた予算をつけて充実させたかったのである。その考え方は理解可能である。それはまた、進歩派と保守派の対立という韓国政治の構図を前提にすれば、福祉拡大に必ず反対する保守派を説得するうえで必要な考え方でもあった。しかし、皮肉にも進歩的なメカニズムそのものが、福祉の充実を押しとどめたのであった。

第三章　米韓FTAと盧武鉉の夢

盧武鉉政権が新自由主義的であったという批判は、二つの理由からであった。一つは、第二章で述べたように社会保障の充実を行わなかったことである。そして、もう一つは、米韓FTA推進をはじめとする、新自由主義的改革に親和的な経済政策を行ったことである。

前者の批判については、盧武鉉自身は福祉を充実する気がなかったのではなく、進めようと試みたができなかったのだと、第二章で説明した。本章では、後者について、特に米韓FTA交渉に焦点を当てて盧武鉉の政策を検討してみよう。

社会保障政策と通商政策は、まったく異なる政策分野に見える。しかし、両者をつなげて考えることで、盧武鉉が思い描いた未来予想図を確認し、そのビジョンが新自由主義と批判されることは妥当なのか、理解することが可能になるであろう。

米韓FTAは、内容面でも交渉プロセスの面でも、日本が二〇一三年からアメリカなどと交渉している環太平洋経済連携協定（TPP）と類似点がある。

日本では、二〇一一年に当時の菅直人《かんなおと》首相が、突如TPPへの参加を検討したいと発言して世間を驚かせた。

ＴＰＰは日米を含む環太平洋地域の一二ヵ国が、貿易を中心に経済活動の自由化を目的として行おうとしている多角的な経済連携協定である。九〇％以上の貿易品目について関税を撤廃し、貿易に関する各種の非関税障壁を撤廃して急速に自由貿易を推進することを目的とする。野党はおろか与党とも調整せずに行われた彼の発言は、とりわけ農業団体を中心に強い反発を生み、参加のための前提作業にも入れなかった。実際に日本が参加に踏み切り、交渉を開始したのは安倍政権のもと二〇一三年からである。

他方、韓国では、ＴＰＰのモデルともいわれる米韓ＦＴＡへの交渉参加を、二〇〇六年に盧武鉉大統領が、菅首相と同様に与野党へ特段の相談なしに突如表明した。しかし日本と異なり、わずか一年三ヵ月あまりで交渉を妥結させてしまう。貿易自由化交渉に関する日本と韓国との違いは、日本でしばしば取り上げられている。

韓国でも、盧武鉉による米韓ＦＴＡ推進は不思議に思われた。ただし、それは日本での扱いとは観点が随分異なる。

第一に、反米政権と目された盧武鉉政権が、なぜ米韓ＦＴＡを締結しようとしたのか。米韓ＦＴＡ推進は、格差の拡大と経済面でのアメリカ支配が強まると、何よりも盧武鉉支持派から強い反発を受けたにもかかわらず、である。

第二に、盧武鉉は実際には任期中の批准に失敗し、李明博政権に持ち越すことになったが、それはなぜかである。盧武鉉はアメリカとの交渉は成功したものの、国内での批准に失敗し、条約発効まで持ち込むことができなかった。

韓国の政治制度は、内外の研究者によって、大統領の権力が強すぎると指摘され、「帝王的大統領制」と表現する人さえいる。さらに、外交に関する案件は大統領の専権事項であり、国会はそれを承認するのみで、交渉過程に介在することもない。にもかかわらずなぜ米韓FTAは批准にまでつなげることができなかったのか。

加えて、米韓FTAは、交渉を行っている二〇〇六年には国民の過半数が賛意を示しており、反対派は少数であった。業界団体など利益集団との交渉もほとんど終わっており、仮に国民投票でもすれば締結が確実視される案件であったのである。

本章は、この二つのクエスチョンに答える形で、盧武鉉政権下での米韓FTA交渉を描く。まずはその前提として、盧武鉉政権になって韓国政治の構図が大幅に変わったことを説明しよう。

1　イデオロギー旋風

政党システムの変貌

盧武鉉政権は、二〇〇三年二月の政権発足直後から波瀾《はらん》に満ちていた。野党が多数派であ

3－1　2002年大統領選挙得票率（単位：%）

	盧武鉉（新千年民主党）	李会昌（ハンナラ党）
全体	48.9	46.6
ソウル	51.3	45.0
釜山	29.9	66.7
大邱	18.7	77.8
仁川	49.8	44.8
光州	95.2	3.6
大田	55.1	39.8
蔚山	35.3	52.9
京畿	50.7	44.2
江原	41.5	52.5
忠清北道	50.4	42.9
忠清南道	52.2	41.2
全羅北道	91.6	6.2
全羅南道	93.4	4.6
慶尚北道	21.7	73.5
慶尚南道	27.1	67.5
済州	56.1	39.9

注）中央選挙管理委員会データベース資料より筆者作成

る国会と大統領は厳しく対立し、盧武鉉が提案する政策はことごとく国会が拒否して深刻な停滞が生じた。さらには憲法のあり方そのものが国会で問い直される状況まで生まれていた。こうした政治社会の混乱の背景にあるのは、韓国政治の根本的な変化であった。

二〇〇二年の大統領選挙を契機に、韓国の政党システムは再編成の動きが強くなった。民主化以降、金大中政権までの政党システムは、主として嶺南地域と湖南地域という二つの地域間対立をベースとする地域主義政党で構成されていた。

第一章で少し触れたように、湖南地域を基盤とする政党（湖南政党）がやや進歩的で、嶺南地域のそれ（嶺南政党）がやや保守的という傾向は存在したが、居

3-2　2004年国会議員総選挙得票率（単位：%）

	ウリ党		ハンナラ党		民主労働党	
	選挙区得票率（議席数）	比例区得票率	選挙区得票率（議席数）	比例区得票率	選挙区得票率（議席数）	比例区得票率
全体	41.9(129)	38.3	37.9(100)	35.8	4.3(2)	13.0
ソウル	42.8(32)	37.7	41.3(16)	36.7	3.4(0)	12.6
釜山	38.9(1)	33.7	52.5(17)	49.4	2.9(0)	12.0
大邱	26.7(0)	22.3	62.4(12)	62.1	2.5(0)	11.6
仁川	44.7(9)	39.5	38.9(3)	34.6	7.4(0)	15.3
光州	54.0(7)	51.6	0.1(0)	1.8	5.6(0)	13.1
大田	45.8(6)	43.8	22.4(0)	24.3	1.5(0)	11.8
蔚山	28.1(1)	31.2	36.3(3)	36.4	18.0(1)	21.9
京畿	45.7(35)	40.2	40.7(14)	35.4	4.1(0)	13.5
江原	38.8(2)	38.1	43.3(6)	40.6	4.2(0)	12.8
忠清北道	50.5(8)	44.7	32.6(0)	30.3	3.3(0)	13.1
忠清南道	38.9(5)	38.0	15.8(1)	21.2	2.2(0)	10.5
全羅北道	64.6(11)	67.3	0.1(0)	3.4	4.6(0)	11.1
全羅南道	46.9(7)	46.7	0.8(0)	2.9	2.6(0)	11.2
慶尚北道	25.8(0)	23.0	54.6(14)	58.3	3.4(0)	12.0
慶尚南道	34.4(2)	31.7	47.7(14)	47.3	8.4(1)	15.8
済州	49.4(3)	46.0	40.2(0)	30.8	3.4(0)	14.1

注）中央選挙管理委員会データベース資料より筆者作成

住地とイデオロギー傾向が一致するわけではない。湖南政党でも保守的な政治家は存在した。しかし、二〇〇二年の大統領選挙以降、地域主義を突き崩そうとする動きが活発化する。

第二章で説明したように、大統領選挙で盧武鉉は、地域主義的な構図の破壊と若年層の選挙への支持動員を目指し、それに成功することで大統領に当選した。続く動きが政党システムそのもののイデオロギーによる再編であった。進歩派の政治家たちは、大統領与党となるヨルリンウリ党（開かれた我らの党。以下、ウリ党）を創設した。さらに左に位置する民主労

3-3　大統領選挙時の有権者数

	第13代（1987年）		第14代（1992年）		第15代（1997年）		第16代（2002年）	
	実数	比率（%）	実数	比率（%）	実数	比率（%）	実数	比率（%）
首都圏	10,794,535	41.7	13,095,789	44.5	14,705,289	45.5	16,440,521	47.0
忠清	2,642,246	10.2	2,880,870	9.8	3,228,022	10.0	3,476,945	9.9
嶺南	7,636,562	29.5	8,498,771	28.9	9,136,189	28.3	9,636,278	27.5
湖南	3,478,777	13.4	3,591,740	12.2	3,781,383	11.7	3,915,466	11.2
その他	1,321,504	5.1	1,355,488	4.6	1,439,533	4.5	1,522,319	4.4

注）中央選挙管理委員会データベース資料より筆者作成

働党も国会に進出する。

データでこの動きを確認しよう。3-1は、二〇〇二年大統領選挙における主要二候補の地域別得票率で、3-2は、二〇〇四年国会議員総選挙における主要三政党の地域別得票率である。網掛け部分は、盧武鉉が所属する政党（新千年民主党、ウリ党）の地盤である湖南地域、ハンナラ党の地盤である嶺南地域を指している。これらからは、民主化以降の韓国政治を規定してきた地域主義的投票パターンに大きな変化を読み取ることは難しい。ハンナラ党は嶺南地域で大量得票し、新千年民主党（以下、民主党）の支持を背に立候補した盧武鉉と、ウリ党は、湖南地域で大量得票した。

しかし、地域主義の枠組みで政党が票を取り、議席を確保する重要性は低下していた。

第一に、嶺南地域、湖南地域における有権者数割合および国会議席配分数の減少である。3-3が示すように、両地域が占める有権者数割合は一九八七年大統領選挙時には四三%あったが、二〇〇二年大統領選挙時には三九%に低下している。国会

3－4　歴代国会における地域別議席数

	第13代	第14代	第15代	第16代	第17代
総議席数	224	237	253	227	243
総議席数（含比例区）	299	299	299	273	299
首都圏議席数	77	82	96	97	109
比率（%）	34.4	34.6	37.9	42.7	44.9
忠清議席数	27	28	28	24	24
比率（%）	12.1	11.8	11.1	10.6	9.9
嶺南議席数	66	71	76	65	68
比率（%）	29.5	30.0	30.0	28.6	28.0
湖南議席数	37	39	37	29	31
比率（%）	16.5	16.5	14.6	12.8	12.8
その他議席数	17	17	16	12	11
比率（%）	7.6	7.2	6.3	5.3	4.5

注）中央選挙管理委員会データベース資料より筆者作成

の議席総数に占める割合も、両地域合わせて一九八八年選挙で四六％あったものが、二〇〇四年選挙では四〇・八％に低下している。

第二に、忠清道を基盤とする政党の没落によって、地域主義的な投票行動をとらない地域が拡大した。有権者数割合で見ると、一九八七年大統領選挙時に四七％であったものが二〇〇二年大統領選挙時には六一％に達し、国会の議席数でも、八八年選挙で四二％であったものが二〇〇四年選挙では五九・三％となっている（3－4）。もはや地域主義のみに依拠して政治権力が掌握できる時代ではなくなったのである。

地域主義からイデオロギーへ

こうした変化を受けて、政党は地域主義からイデオロギーに基づく形で再編されようとする。次ページの3－5は、各政党を支持する有権者のイデオロ

3－5　支持政党別理念性向変化

	ハンナラ党	民主党	ウリ党	民主労働党
2003年	4.1	1.6	1.6	−4.8
2004年	7.8	2.9	−0.1	−5.7

［資料］2004年1月9日　朝鮮日報、韓国調査研究学会、韓国ギャラップ共同調査
注）保守を50、中道を0、進歩を−50とした支持政党別自己評価平均値

ギー性向の平均値である。これより、嶺南政党のハンナラ党を支持する有権者には保守的な傾向が、ウリ党のそれは中道からやや進歩的、民主労働党は進歩的な傾向が確認できる。

変化の動きは漸進的であり、時々の政治情勢によって揺り戻しや反動もあるであろうが、地域主義のみでは、どの政党も選挙で勝てなくなってきていることに変わりはない。各党が地域主義以外の支持層拡大を目指す方向性に大きな変化はないであろう。イデオロギー政党への脱皮は、その一つの可能性なのである。

繰り返しになるが、政党システムとイデオロギーは、金大中政権までは一致していなかった。進歩―保守の傾向は若干あったとはいえ、政党は基本的に地域を代表していた。加えて、一九八七年までの権威主義時代には進歩派が抑圧されており、民主化後も進歩派の政界進出が困難だった。国会議員の大半は保守派が占め、進歩派の要求は政党政治には反映されず、市民運動、圧力団体活動や、街頭デモなどの、国会という正式の場以外の「場外政治」を通してしか表現しようがなかった。しかし、盧武鉉政権になって政党システムが再編され、進歩派の要求がストレートに政党政治に反映されるようになっていった。

三八六世代の登場

では、なぜ進歩派が急速に影響力を拡大したのであろうか。一般的に指摘されるのは、いわゆる三八六世代の登場と、ナショナル・アイデンティティという争点の浮上である。三八六世代とは、一九六〇年代に生まれ、八〇年代に学生生活を送った、二〇〇〇年当時三〇歳代の世代を指す。日本でいうとバブル世代に相当する。彼らは、韓国社会においてかなり特異な政治的経験をした世代である。権威主義時代に学生生活を送っていた彼らは、一九八七年の民主化を主導した。学生時代に彼らはアメリカに対する反感を強めており、マルクス主義や、北朝鮮の体制理念である主体《チュチェ》思想に関する文献を読み漁《あさ》った経験を持つ者が少なくなかった。

こうした特異な世代が政治社会および社会全般に影響力を持つようになったのが、金大中政権から盧武鉉政権の時期にかけてであった。三八六世代の人々がすべて進歩的なわけではない。だが、盧武鉉を当選させる主力となるなど、進歩的な傾向が強かったのは確かである。

ナショナル・アイデンティティに焦点が当たるのは、三八六世代の台頭と連動している。彼らが学生時代に社会主義や北朝鮮に親和的であったことの背景には、一九八〇年代の韓国を支配した全斗煥政権の独裁政治や、依然として貧しい経済状況への不満だけでなく、韓国という国そのものへの拭い去れない疑念があった。

それは、建国独立の正統性に関するものである。日本の敗戦により朝鮮半島は植民地支配から解放された。しかし、朝鮮半島は単一国家として独立することなく、南北に分かれてしまった。二つの地域はそれぞれ政権を打ち立て独立を果たすが、その出自が大きく異なる。北朝鮮を率いたのは、中国東北部を拠点に日本植民地時代に反植民地武装闘争を敢行した金《キム》日成《イルソン》であったのに対し、韓国の独立にはアメリカが強く関与しており、独立後も事実上アメリカに支配され半植民地状態に陥っている。北朝鮮こそが自主独立の国で、民族としての正統性を有しており、韓国はそうではないのではないか。そしてアメリカ支配のゆえに我々は貧しいのではないか、また民族が分断されているのもアメリカのせいではないか、という疑念であった。

一九八〇年代当時、こうした疑念を正しいと思わせる知的、社会的状況も存在した。経済学では、アメリカのような世界経済の中心国が、韓国のような周辺国を収奪すると説明する従属理論が流行していた。歴史学ではアメリカの歴史学者であるブルース・カミングスの『朝鮮戦争の起源』が争って読まれ、アメリカの不当性と韓国という国の正統性の弱さが喧伝された。

こういう状況下で学生時代を過ごした三八六世代の人々が、アメリカこそが韓国の主権を侵し、民族分断を固定化させていると考え、北朝鮮にシンパシーを感じても不思議ではない。しかし、他方で、彼らより上の世代は朝鮮戦争を実際に経験している。上の世代は、北朝鮮こそが問題であり、アメリカは韓国を助けたのだと理解している。北朝鮮とアメリカに対する見方が、両者で正反対なのである。三八六世代の台頭は、それまで親米反北朝鮮が当たり前であった世論を大きく変えてしまった。それゆえ、民族とは何か、我々はどういう存在なのかという、ナショナル・アイデンティティが政治的対立軸に浮上したのであった。

大統領と国会の対立

このような背景を持つ政党システムの急速な変貌が、かつてないほどの政治の混乱と政策停滞をもたらす。盧武鉉政権発足後の状況を簡単に振り返っておこう。対立は、二つの局面に分かれる。第一局面は二〇〇四年六月まで続く第一六代国会における大統領と国会の対立で、第二局面はそれ以降の、大統領・与党と憲法的秩序の対立である。

第一局面は、民主党と大統領の訣別《けつべつ》から始まる。大統領選挙で当選したものの、盧武鉉大統領は国会に基盤を持っていなかった。国会での議席の過半数は野党ハンナラ党が掌握しているうえ、大統領は民主党の主流派でもなく、従来の大統領のように党内に影響力を確保できる党総裁職を兼任していなかった。

このため、大統領は当初から厳しい国政運営を迫られる。円滑な国政運営を行うためには多数党であるハンナラ党との妥協が必要であるが、それは所属政党である民主党の反発を買うことになる。

加えて、民主党内での亀裂も表面化してきた。民主党は元来、湖南地域を基盤とする政党であり、地域主義の構造のなかで発展してきていた。地域主義打破という盧武鉉の主張は、表立っては批判しにくいものの、地域主義政党という民主党の性格との自己矛盾をはらんでいた。それゆえ、従来の主流派と、盧武鉉に共鳴する非主流派の間には考え方に大きな違いがあった。両者の亀裂は深まり、同一政党内での同居も難しくなっていくのである。ハンナラ党、民主党両党との関係がこじれた大統領は、独自の大統領与党の創設を支援し、その党を足がかりに国会に影響力を持つ戦略に転じた。それが、二〇〇三年一一月のウリ党の誕生である。

ウリ党は、大統領の地域主義打破の主張に合わせて、まず政界再編を通じて国会内部での影響力確保を狙った。すなわち、民主党とハンナラ党双方に存在する、反地域主義的でどちらかというと進歩的なイデオロギーの保持者を離党させて大挙糾合することで、一挙に国会内での影響力を確保しようとしたのである。しかし、ウリ党に結集したのは全議席数の二割に満たない、四七名に過ぎなかった。

ウリ党創設による影響力確保の困難さが準備段階で明らかになるや、大統領は二〇〇三年九月の民主党離党を機に、大統領再信任のための国民投票を提案する。大統領は、国民による再信任投票によって、自分こそが国民の代表であることを示して困難な国会運営を乗り切ろうとしたのである。他方、国会は、大統領の側近をスキャンダルで追い込み、大統領自身に対しても大統領選挙での不正資金を追及するなどして、追い落としを図った。
その後も大統領と国会の間の機関間対立は解消せず、二〇〇四年三月には国会が大統領弾劾訴追を行い、憲法に規定された大統領権限一切が一時停止されるまでになった。

憲法的秩序をめぐる対立

以上のような大統領と国会の対立は、二〇〇四年四月の国会議員総選挙でウリ党が二九九議席中一五二議席を得て勝利することで終息する。大統領弾劾訴追という異常事態も、憲法裁判所による訴追棄却で終焉《しゅうえん》した。しかし、政治の混乱は終わらず、第二の局面に突入する。対立の中心となったのは、憲法的秩序であった。憲法裁判所の持つ法令審査権、言論の自由、教育の自由など、一九八七年に制定された韓国憲法の基本的な理念が議論の俎上《そじょう》に乗り、保守派と進歩派が激突する争点となる。

この背後には、韓国憲法が、すべての政治勢力の同意によって作られたのではなく、進歩派を排除して形成されたということがある。一九八七年に制定された憲法は、当時の全斗煥政権と野党勢力の妥協の産物に過ぎず、進歩派はこの憲法を基本とする法的秩序に不満であった。

もう少しこの間の事情を説明する。韓国は、一九八七年六月に起こった大規模な民主化運動を経て民主化した。この年の六月は政府に抗議する人々で街頭がうめつくされ、民主化を求めるデモ行進が連日続いた。六月二九日、当時の与党民主正義党の次期大統領候補であった盧泰愚が、民主化宣言を出すことで民主化は大きな山を越えた。宣言の主な内容は、大統領の選出方式だった。すなわち、民主化運動勢力の主張を受け入れ、それまで間接的に選出されていた大統領を有権者が直接投票で選ぶ、大統領直接選挙制に変更することを承認したのである。

ただし、盧泰愚の民主化宣言で矛を収めたのは、民主化勢力の一部に過ぎなかった。民主化運動は、大きく分けて二つの勢力が主導していた。一つは野党勢力で、もう一つは後の進歩派となる急進民主化勢力である。両者は本来政治的主張が大きく異なっていた。野党勢力は、民主化を求めてはいるものの、親米反北朝鮮で、経済体制として現行の資本主義体制を肯定している点において、権威主義政権とスタンスは変わらなかった。他方、学生運動や労働運動組織からなる急進民主化勢力は、反米親北朝鮮であり、現行の資本主義体制には修正が必要で、経済的弱者や労働者の権利をより強く保護すべきと考えていた。それゆえ、大統領直接選挙制を認めたに過ぎない盧泰愚の民主化宣言には満足していなかった。

急進民主化勢力は、さらなる民主化を求めて、続く七月、八月に労働者大闘争と呼ばれる民主化運動を継続する。しかし、野党勢力はこの動きに合流せず、彼らを全斗煥政権が抑圧するのを傍観するにとどまった。野党の支持を失った急進民主化勢力は、その後政治の場から排除される。結局、彼らの主張は取り入れられることなく、全斗煥政権と野党の妥協の産物として一九八七年憲法が制定される。

盧武鉉政権の誕生は、このような急進民主化勢力の流れを汲む進歩派の人々を一挙に表舞台に立たせることになった。進歩派による既存の憲法的秩序との対決には必然性があったのである。

首都移転法違憲判決

二〇〇四年の国会議員総選挙後に政治社会の話題となった争点は、一九八七年に樹立された憲法的秩序の見直しを迫るものであった。始まりは、首都移転法（新行政首都建設のための特別措置法）違憲判決であった。首都移転法は、盧武鉉政権最大の公約である地域主義打破の核心で、首都機能をソウルから忠清道地域の燕岐《ヨンギ》・公州《コンジュ》に移転しようとした（第二章を参照）。

ところが憲法裁判所は違憲判決を下し、彼の政策を根底から否定した。進歩派には、憲法裁判所こそが保守派の牙城《がじょう》に映る。進歩派は、違憲判決を飛び越えて、憲法裁判所自体の改廃を主張しはじめる。

韓国の憲法裁判所は、司法消極主義をとる日本の最高裁と異なり、国会によって決定された法律に対して積極的に憲法判断を行っている。首都移転法に対する判断もその一つである。対して、大統領府と与党の一部から、立法府である国会が決定した法律を、国民によって選出されてもいない憲法裁判所の判断で無効にされるのはおかしく、その意味で民主的な存在とはいいがたい憲法裁判所は廃止されるべきであるという議論がわき起こったのである。

四大法案

続いて重要争点となったのは、国家保安法廃止、親日反民族行為真相究明法改正、言論関係法、私立学校法改正で、当時四大法案といわれたものである。これらはいずれも、進歩派と保守派が先鋭に対立してきた論点に関係したものばかりだ。

国家保安法は、主として北朝鮮から韓国の政治体制を防衛するために、憲法で規定された自由権の一部制限を含むと考えられる法律であり、憲法そのものではないが、民主化後の憲法的秩序の一部を構成してきた。

具体的には、北朝鮮の体制を肯定する政治活動や言論活動を規制し、取り締まることに主眼が置かれていた。北朝鮮を必ずしも否定的に見ない進歩派は、国家保安法は自分たちの活動を制限するものと見なし、もはや韓国の政治体制が北朝鮮に覆される可能性がほぼない状況では不要かつ不当と考えていた。他方、北朝鮮の脅威を認識する保守派にとって、同法廃止はあり得ないことであった。

親日反民族行為真相究明法改正は、植民地時代の親日反民族行為を明らかにしようという法律である。この背景には、保守派および韓国社会のエリート層と、日本植民地時代の植民地支配協力者の間には、ある種の連続性があるという認識があった。日本の支配に協力するという反民族行為を犯したことが明らかになれば、エリート層にとって大打撃になるものであった。

言論関係法は『朝鮮日報』、『東亜日報』、『中央日報』の三大新聞社の市場支配力を制限することを目的に作られたものであり、私立学校法改正は私学における経営者の権限を制限し、教員の権限拡大を目指すものである。

三大新聞社はいずれも保守派を支持する媒体であり、盧武鉉と進歩派に敵対的であった。韓国の新聞市場は三大新聞社の寡占状態にあるので、新聞を読む限り、保守的な言説しか国民には伝わらない。言論関係法の主眼は寡占市場の問題解決であったが、進歩派は保守派からの新聞市場の開放と考え、保守派は権力の不当な介入と理解した。

私立学校法改正は、教職員労組による教育活動に焦点があった。教職員労組は進歩的であり、彼らの活動を認めれば、教育現場のあり方もより進歩的になると思われた。

このように、四大法案はいずれも進歩派対保守派の対立を深刻化させるものであった。

盧武鉉政権期は進歩派対保守派の対立を煽《あお》る、イデオロギー旋風が吹き荒れた。米韓FTA交渉が進められたのはこうした状況のもとでであった。

2　葛藤の米韓FTA交渉

盧武鉉の考え方

米韓FTAは、輸出産業が強い韓国企業の競争力を高めようとするものである。しかし、盧武鉉がこれを推進したことは衝撃的であった。反米的で進歩派の盧武鉉が、アメリカと手を結ぶのは当時の韓国政治の常識に反したからである。盧武鉉は何を考えて米韓FTAを推進したのか、検討してみよう。

今日、韓国はFTAにもっとも熱心な国の一つに数えられ、アメリカ、EU（欧州連合）、東南アジア諸国などとFTAを多角的に結んでいる。このことが、とりわけ輸出産品で競合する日本にとって脅威になっている。しかし、盧武鉉が大統領に当選した二〇〇二年当時、韓国は日本に対しても後れをとっており、FTAはチリとしか結んでいなかった。

他方、盧武鉉は、当選前からFTAをはじめとする経済開放に積極的であった。彼は、大統領選時の選挙演説で、西に中国、東に日本を抱える韓国は、物流、金融の拠点となり、北東アジア地域の「ハブ」として経済成長できると力説していた。これは筆者自身、彼の演説から直接聞き、もっとも印象に残っているところである。選挙公約では、「FTAの積極推進」や「開放を通じた我が国経済構造の先進化で二一世紀先進経済国家の土台を作ります」

と謳った。

彼のFTAへの積極姿勢は、二〇〇三年八月にFTA推進ロードマップにまとめられた。そこでは、経済危機の最中にFTAを推進してきたチリ、日本との交渉経験を背景に、FTAを「同時多発的」に推進することが決められた。ロードマップでは、大陸別に橋頭堡《きょうとうほ》を確保した後に、巨大経済圏との本格的推進を図る二段階方式をとる。早期に推進すべき対象国として、日本、シンガポール、ASEAN（東南アジア諸国連合）、EFTA（欧州自由貿易連合）、メキシコなどが挙げられた。アメリカは中国、EUとともに中長期的対象と考えられていた。

WTOからFTAへ

それが方向転換するのは、WTO（世界貿易機関）における貿易自由化交渉の中断と、日本との交渉の行き詰まりからである。盧武鉉政権は当初、FTAも重視はするが、貿易自由化交渉の力点をWTO交渉に置いていた。WTOは自由貿易促進を主たる目的として創設された国際機関で、世界の大半の国が加盟している。多角的貿易交渉を主導し、包括的な国際通商ルールを形成してきた。貿易自由化をWTOでの交渉を通じて実現するというのが盧武鉉政権の当初の基本方針であった。

しかし、WTOでの貿易自由化交渉は、二〇〇三年九月にメキシコのカンクンで開催された閣僚会議で座礁し、中断状態に陥った。続いてショックであったのが二〇〇四年一月にメキシコが執った措置である。メキシコは、FTA非締結国に対して輸入タイヤの関税引き上げを行った。当時韓国はFTAを結んでいなかったため、韓国製品は打撃を受け、メキシコ市場への輸出減を余儀なくされた。それに対してメキシコとEPA（経済連携協定）を結んでいた日本製品は輸出が拡大する。FTAを結ばないと実害が発生することを、この事例で盧武鉉政権は身をもって学んだ。

他方、日本との交渉は、韓国にとって徐々に気乗りのしないものになっていく。対日FTA交渉は、チリと並んで早い時期から行われ、議論の開始は通貨危機下の一九九八年にさかのぼる。

二〇〇三年一〇月から政府間交渉に入ったが、翌年一一月には中断状態に陥っていた。その理由を、韓国政府は表向きには、日本が農産物輸入に関して十分な譲歩を行わないからとアナウンスした。しかし、韓国の輸出全体を見回してみると、農産物輸出は微々たるもので、主な輸出品は工業製品である。

中断の本当の理由は、日本とのFTAは輸出促進効果が低いと見切ったからである。一般的に、日本は工業製品に関してはすでに関税はない、あるいは世界的にもっとも低い部類に入る。そのため、日本とFTAを結んだとしても韓国の工業品輸出が増えることはない。逆にこれまで高関税で守られてきた韓国市場に、日本商品が販路を拡大する可能性のほうが高い。日本とのFTAは、効果の点で均衡を欠くので、短期的には日本に一方的に有利になると判断する。

加えて、外交上の理由もあった。盧武鉉政権は、重要な対外協力戦略として、北東アジア均衡発展戦略を掲げていた。日中韓三ヵ国が緊密に協力することで、韓国の経済発展を推し進めようとするものである。しかし日本とのFTA推進は、中国との均衡を欠くために望ましくないと判断した。

他方で、盧武鉉政権は中国との協力推進に、脅威を感じはじめていた。当時の韓国は、日本のような先進国には技術的にまだ追いついておらず、他方で中国をはじめとする後発国が経済力をつけ急速に追い上げている状態であった。

FTA推進の必要性と、日中間のサンドイッチ状態を抜け出すための活路となったのが、米韓FTAである。アメリカとのFTAは、日中との交渉力を高めることに貢献するうえ、FTA戦略の出遅れを大きく解消することにつながると判断したのである。

対米事前交渉

WTOの交渉中断により、FTA推進の必要性を感じていたのは、アメリカも同じであった。アメリカは、当初は日本とのFTA交渉を検討していたが、農産物をめぐって不調に終わる。次に可能性を見出したのは韓国であった。

アメリカは、貿易自由化についてはWTOを通じた多国間交渉とNAFTA（北米自由貿易協定）のような広域および二国間のFTA双方を重視していた。ただし、NAFTAを除くと、二〇〇二年時点でアメリカがFTAを締結していたのは、中東と中南米の小国に限定されていた。アメリカは、FTAを主として安全保障、外交政策上の観点から進めていたといえる。しかし、二〇〇一年一月にブッシュ政権が登場し、二〇〇二年に連邦議会から、大統領に通商交渉権限を付与するTPA（大統領貿易促進権限）が与えられるや、FTA本来の役割である通商政策の観点からFTA拡大戦略をとるようになる。

とりわけ、ブッシュ政権が注目したのはアジア諸国であった。アジア地域は今後経済成長が見込まれ、アメリカとしては開拓のしがいのある市場であった。この域内で経済規模の大きな国は、日本と中国、韓国である。日本との交渉はすでに行き詰まり、中国は安全保障上の観点や政治経済体制の違いからFTAの対象としては現時点ではふさわしくない。となれば、韓国は交渉を行ううえで適切な相手となる。

そこで、アメリカでは、二〇〇四年五月、シャイナー米通商副代表が米韓FTAへの関心を表明し、以後、在韓米大使など関係者が数回にわたってラブコールを送り続けた。これに対し、韓国は、通商政策の実務を担っていた外交通商部通商本部長の金鉉宗《キムヒョンジョン》が中心になって、アメリカとの交渉可能性を実務レベルで検討した。一一月にはチリで開かれたAPEC閣僚会議のさなかに持たれた米韓通商長官会議で、FTA推進可能性点検のための事前実務会議開催に合意した。

これを受けて、両国は二〇〇五年二月から交渉を急ぐ。というのも、アメリカがFTA優先交渉対象国を決定するのが二〇〇五年九月と迫っていたためである。TPAは二〇〇七年七月までしか与えられていないので、アメリカ大統領が貿易自由化交渉を主導できる期間は限られていた。

FTA交渉対象国の選定は、国家安全保障会議と国家経済会議の扱う案件である。しかし、連邦議会から委任されているとはいえ、最終的に交渉結果を承認、決定するのは議会であるので、議会への根回しは必要であった。韓国とのFTAについては、かつて貿易摩擦を経験した関係からアメリカでも諸手を挙げて賛成というわけではなかったため、七月と九月に金鉉宗が訪米し、議会、政府関係者と交渉、説得作業を行った。

そして、二〇〇五年九月のメキシコ訪問中に、盧武鉉大統領は金鉉宗の進言を受けて米韓FTA推進の最終決定を下した。アメリカも韓国をFTA優先交渉対象四ヵ国に選定する。盧武鉉が一〇月にブッシュ大統領に電話で交渉入りを伝え、両国の動きが速まっていく。

四大前提条件

盧武鉉は当初、二〇〇五年一一月に行われたAPEC首脳会議に合わせて米韓FTA交渉入りを発表したかったが、アメリカがそれに待ったをかけた。アメリカとしては、自分たちが要求する水準でのFTA締結の意思が韓国にあるのか確認をしたかったからだ。その「テスト」となったのが、「四大前提条件」と呼ばれる自動車、牛肉、薬価算定方式、映画の四部門での韓国への要求である。同様のことは他国にも行っており、アメリカが包括的な貿易自由化交渉でとる手段だと考えてよいであろう。

ただし、四大前提条件は、FTA交渉以前から米韓の間で貿易摩擦を引き起こしてきた重要案件の解決を迫るというハードなテーマであった。

自動車は、アメリカは韓国車を大量に輸入しているのに、韓国ではアメリカ車はほとんど売れないという、米韓間の不均衡が際立つ分野であった。牛肉は、アメリカでのBSE（牛海綿状脳症、いわゆる狂牛病）発生に伴い、二〇〇三年一二月から韓国が輸入停止措置をとっていた。精肉業界にとって韓国はきわめて重要な相手で、輸入停止されるまでは、韓国における輸入牛肉の四分の三が米国産だった。アメリカとしては科学的根拠に乏しい禁輸措置の早期解除を求めていた。医薬品や映画は韓国の保護措置が輸出拡大を阻んでいた。

盧武鉉政権は、これらの懸案に対し異例のスピードでアメリカに妥協的な措置をとっていく。

自動車では、二〇〇六年一月に施行予定で、実際に施行されれば大型車が主力のアメリカ自動車産業にとって不利になる新排ガス基準適用を二年間猶予することにした。

牛肉では、二〇〇五年一〇月二〇日に米国産牛肉輸入再開の方針を決定し、アメリカとの交渉の末翌年一月に、骨をすべて除去した生後三〇ヵ月以下の牛肉輸入再開で合意し、九月より輸入を再開した。ただし、二〇〇六年一一月に輸入牛肉より骨片が見つかり、全量返送・廃棄することになった。輸入再開は李明博政権に持ち越される。

医薬品では、アメリカは韓国の薬価適正化作業の中断を要求した。韓国の薬価制度は、国民健康保険が大量の医薬品を買い上げることを背景とした国定価格制で、薬価の基準が外部からは不透明であった。加えて、韓国政府は薬剤費膨張による健康保険財政悪化を食い止めるために、効果が優れ経済的な薬品のみを選んで薬価リストに収載するポジティブリスト方式の採用を検討していた。アメリカはそのリストから漏れたときの打撃の大きさを憂慮していた。結局、二〇〇五年一〇月末、韓国政府は薬価制度に関連して価格切り下げを伴う制度改革作業を中断した。

映画産業については、韓国は自国の映画産業を保護するために、国内の映画館で韓国製の映画を一定割合で上映することを義務づけるスクリーンクォータ制をとっていた。しかし、韓国政府はアメリカの要求を受けて、二〇〇六年一月にスクリーンクォータを四割から二割へ縮小することにしたのであった。

交渉と国内調整

アメリカとの交渉は、異例のスピードで展開していった。二〇〇六年の大統領新年演説で、盧武鉉は米韓FTA交渉を行う旨を述べた。ただしこの演説の力点は、社会の格差解消に置かれたため、FTAへの言及は注目されなかった。

その後、四大前提条件への対応を着々と進め、二月には韓国通商本部長、アメリカ通商代表の合同記者会見の場で米韓FTA交渉開始を正式に発表し、本交渉が始まる。そして、二〇〇七年三月、積み残された懸案が、盧武鉉、ブッシュ両大統領の電話会談で政治決着し、四月に交渉が妥結する。さらに微調整を経て、両国大統領は六月に米韓FTAに署名した。

アメリカとの交渉は、交渉当事者にとっては苦労の多いものであったと想像される。しかし、関税を最終的にはほとんど撤廃し、そのほかの通商・投資に関連するルールの共通化に合意するというラディカルな協定を、正式の交渉開始からわずか一年あまりで仕上げたのを見れば、順調な交渉であったといっていいであろう。米韓FTAの発効は目前であった。ところが、盧武鉉は協定批准の日を見ることなく大統領任期を終えることになったのである。

盧武鉉は、二〇〇七年九月に、米韓FTA批准案を国会に提出した。彼の任期は二〇〇八年二月までである。半年あまりの国会審議の期間があった。しかし批准案はその後放置された。二〇〇八年一月には国会で、与党統合民主党(ウリ党と大統合民主新党を統合した政党)と野党ハンナラ党が米韓FTA批准同意案を表決に上程しないことで合意し、盧武鉉政権下で成立しないことが確定したのである。

その後、二月に国会の統一外交通商委員会に上程されたが、彼の任期中には一度公聴会が開かれたのみであった。二国間交渉のテンポの速さと、国内での批准手続きの遅さは対照的ですらある。

3　イデオロギー対立に引き裂かれた政権

市民社会と政治社会の違い

アメリカと韓国の調整が順調であったのに対して、国会で反対に遭ったのはなぜなのだろうか。

この問いに対するもっとも単純な、それゆえ人口に膾炙《かいしゃ》しやすい回答は、二国間調整のスピードの速さそのものにあるとするものだ。つまり、盧武鉉政権が国内調整を顧みず拙速に交渉を行ったことが国内で反発を買ったとする。もう一つは、大統領任期の問題である。二〇〇七年は大統領選挙の年である。制度上、韓国の大統領は一期五年しか大統領でいられない。交渉が妥結し、批准同意案が国会に上程された九月は、一二月の選挙までわずか三ヵ月に迫っていた。一般的に、任期切れが迫った大統領のいうことに他の政治家は耳を貸さない。しかも、政権末期の盧武鉉政権の支持率は、ときに一〇％にまで落ち込む状況で、とても批准同意案を通せる政治力が大統領にはなかったとする。

だが二つの回答は、説明として不十分である。

まず、拙速だったとの指摘は、二つの点であたらない。そもそも、韓国人の大半が米韓FTA交渉を常に支持していた。交渉開始に先立ち、二〇〇四年一一月に全経連が行った調査で八七%、一二月に韓国ギャラップが行った調査でも八〇%が賛成し、交渉が本格化した〇六年に東アジア研究院が行った国民意識調査でも必要性を五四・五%が認め、交渉妥結後の二〇〇八年一月調査で、七五・四%が支持していた。米韓FTAは国民に望まれた交渉であり、拙速であるので批准できないという筋合いのものではなかった。

さらに、盧武鉉政権は、貿易自由化で被害が予想される業界との調整を、結果的に見ればかなり丁寧に行った。たしかに、当初は拙速との批判もあったが、盧武鉉の指示で、二〇〇六年八月に国民広報のための組織として米韓FTA締結支援委員会を発足させ、関係省庁との調整、業界団体との調整を行った結果、政府内での不協和音はなくなり、産業界の意見もほぼ反映されるようになっていた。

貿易自由化交渉が、本質的には自由化によって被害を受ける可能性の高い産業との調整の問題であるとするならば、盧武鉉政権は米韓FTAを非常にうまく進めたといっていいであろう。シンガポール、EFTA、ASEAN等とのFTA交渉が米韓FTA交渉と近い時期に行われているが、いずれも盧武鉉政権の間に妥結していることを考えると、政権末期だからという説明も不十分といわざるを得ない。

では何が米韓FTAの批准を先延ばしにさせたのであろうか。

分裂の民主主義

それは、政治世界における深刻なイデオロギー対立である。ただし、米韓FTAでは保守派勢力が支持するなか、盧武鉉を支えた進歩派勢力と、盧武鉉政権が対立するという構図が原因であった。

進歩派勢力の米韓FTAへの反対の発端となったのは、四大前提条件の一つである、スクリーンクォータ縮小決定であった。

映画産業関係者が猛然と反発したのを受け、二〇〇六年二月一五日、趣旨に賛同した一一三団体が記者会見を開いて「スクリーンクォータ死守米韓FTA阻止汎《はん》国民対策委員会準備委員会」を発足させた。準備委員会はその後、三月二八日に「対米経済従属および社会両極化を深刻化させ、韓国経済を破綻に落とし込む米韓FTA阻止」という目的で、「米韓FTA阻止汎国民運動本部」を発足させ、三〇〇あまりの団体が参加した。

参加団体は、主なもので、全国農民連帯、全国農民会総連盟、民主労総、韓国労総、全国教職員労働組合（全教組）、スクリーンクォータ文化連帯、民主社会のための弁護士会（民弁）、参与連帯、韓国大学総学生会連合（韓総連）、民主化のための教授協議会などである。農業団体、映画業界関係者などの被害を受ける可能性のある団体もたしかに入ってはいるが、利害関係が直接にはない市民団体が多数加わり、両者が結合する形で反対運動が進められた。

運動のスタイルは、二〇〇二年の大統領選挙時の盧武鉉支持勢力の運動と大変よく似ている。ネットを通じた署名運動、ロウソク集会、街頭デモ、三次にわたるアメリカへの遠征デモ、批判本の出版などであった。ロウソク集会は、二〇〇二年の大統領選挙当時、在韓米軍の装甲車が女子高生を轢死させたことに対する抗議運動として生まれたものである。その後の李明博大統領への抗議運動でも頻繁に使われる、進歩派得意のデモ形態である。彼らは二〇〇六年一一月には全国一三都市での同時多発デモを展開し、一一月二二日には民主労総主導のゼネストに発展した。

米韓FTA交渉は盧武鉉政権内にも深刻な亀裂を生んだ。推進する大統領に反発して、大統領の経済政策ブレーンの一人であった、鄭泰仁《チョンテイン》国民経済秘書官のように大統領府を去って、その足で盧武鉉を激烈に批判する者まで現れる。日本でいえば経済担当の首相補佐官に相当する人物の行動だけに衝撃は大きかった。

他方、盧武鉉とこれまで深刻な対決を続けてきた保守派は、新自由主義的色彩が強いFTA推進を支持する立場にあった。とりわけ経済界は政権の方針を支持する組織や運動を立ち上げた。二〇〇六年四月には、「正しいFTA実現のための国民運動本部」を発足させ、韓国貿易協会、全経連、中小企業中央会、商工会議所、銀行連合会と農協が共同議長を務める形で米韓FTA民間対策委員会も発足した。

しかし、その他の保守派は、盧武鉉が反米・親北朝鮮的な進歩派勢力を支持基盤に大統領に当選した以上、積極的に賛成ともいいにくく、顕著な動きを示さず、傍観者的立場に立つことになった。

政党レベルでも同様で、ハンナラ党は賛成の立場ではあるが、盧武鉉政権が推進しているため党の公式見解として賛成はできなかった。他方、与党であるウリ党は盧武鉉を支持しなければならない立場ではあるが、内部に反対者が多く、同じく党の見解をまとめられなかった。

進歩派の反乱

米韓FTAをめぐる国内政治は、政府対進歩派という対立構図になる。FTAの肯定的側面を強調する政府に対して、進歩派は、FTAによって中小企業の経済活動が困難になるうえ、労働市場の柔軟性上昇で失業と格差が深刻化すると主張した。そればかりではなく、彼らは米韓FTAの問題を、通商問題としてではなく、民族・自主・主権の問題として捉え、刺激的で象徴的な言葉を用いて政府を批判した。

つまり、米韓FTAはアメリカの文化侵略であり、韓国経済をアメリカ経済に従属させるものである。締結は北朝鮮との南北関係にも影響を及ぼさざるを得ない。なぜならば、FTAはアメリカの朝鮮半島支配戦略で、朝鮮半島の和解と統一の物的土台を再編しようとする不純な意図に基づいているものであるからだ、という批判であった。

これは、もはや貿易自由化で誰が得をし、誰が損をするかという次元の話ではない。すでに述べたように、韓国における政治世界の対立構造は、北朝鮮とアメリカに対する是非をめぐるものであった。進歩派は、米韓FTAの是非をこの構図に載せ、盧武鉉政権に対し反民族的という烙印《らくいん》を押し、その価値を貶《おとし》めることで米韓FTAを阻止しようとしたのである。

この状況では、盧武鉉政権の支持者であるはずの進歩派を背景にしたウリ党が、米韓FTA賛成でまとめられるはずがない。他方、本来、盧武鉉の敵対勢力であるハンナラ党が賛成して、盧武鉉にポイントを稼がせるはずもない。批准同意案の国会通過は、望むべくもなかったのである。

誤解された盧武鉉

盧武鉉政権の経済政策は、韓国内で深刻なイデオロギー対立を招いた。韓国では民主化以降進歩派と保守派の間で基本的な価値観をめぐって対立が続いていたが、盧武鉉政権の登場はそれを深刻化させた。米韓FTAについても、進歩派と保守派で見解がまったく異なり、反米・親米という伝統的な対立軸の延長線上で両派が対立する。そして、この点で盧武鉉は、彼の信念からすれば予想外だったろうが、進歩派から背信者呼ばわりされるのである。

他方、福祉政策では、盧武鉉政権は左右両派から批判を浴びた。彼が掲げた「社会投資国家」の理念が、従来の進歩派―保守派のイメージに合わなかったからである。

進歩派と保守派はともに、福祉国家とは、国民から多くの税金を集め、それを福祉サービスが必要な人に供給する、所得保障（脱商品化）を軸とするものだと考えていた。進歩派はそれを是とし、保守派はそれを非とする従来の対立の構図のなかにいたのである。

だが、盧武鉉は、働ける人が十分な収入を得られないのは、彼らに職業教育、就業情報が十分に与えられておらず、就業環境が整わないからだと理解した。それゆえ、彼らが再び労働市場に参入できるように、「社会投資国家」として福祉を行う必要があると考えたのである。

しかし、この考え方は、左右両派から大変評判が悪かった。進歩派は、盧武鉉の福祉政策を新自由主義的と批判した。「社会投資国家」としての福祉政策を通じて労働者を再商品化する重要性を理解する福祉研究者も、「開発主義」で染められた韓国の福祉政策は、まず伝統的な再分配に重点を置くべきだと主張した。保守派は、盧武鉉の福祉政策を行うためには、多額の税金が必要であり、それは韓国経済の活力を削ぐことになると批判した。

経済政策と福祉政策は、通常、別個に議論されることが多い。しかし、前章とこの章で見てきたように、韓国では両者をめぐる政治勢力間の構図は同じである。いずれも、進歩派と保守派が強く対立しているのである。混乱を与えるのは、盧武鉉の位置取りである。一見、彼は経済政策では保守派よりで、福祉政策では進歩派よりに見える。彼は、矛盾した目標を持っていたのであろうか。

盧武鉉の夢見たもの

実は、盧武鉉は、福祉政策と米韓FTAを連結して理解していた。二〇〇六年一月二六日に行われた大統領新年演説で、彼は格差解消の重要性を訴え、それに付随する形で米韓FTA推進を表明した。当時多くの人々は、彼の発言のうち格差解消に注目し、米韓FTAについてはさほど重視しなかったし、両者が関連しているとも思っていなかった。しかし、両者は明確に関連している。米韓FTAを、盧武鉉は格差を深刻化させるものではなく、格差の解消につながるものと認識していたからだ。

大統領府政策室長であった金秉準《キムビョンジュン》によると、米韓FTA推進の裏面には産業構造調整に市場の力と躍動性を借りようという考え方があった。韓国は二〇〇三年以降不況に陥っていたが、そこから抜け出すには経済の活力向上が必要で、構造改革が必要であった。しかしそのための社会的合意を得るのはきわめて難しいので、必要な構造調整を市場の力を通じて推進するしかない。なお、構造調整の対象は大企業や金融機関だけではなく、零細企業等低所得階層まで含む。零細自営業者の生存可能性を高めるための支援は政府が提供し、新しい機会は対外経済開放を通じて提供しようと考えたわけだ。

「中小企業がアメリカとの技術協力、技術伝授を受けて、法律、会計、税務分野は競争にさらして若者が世界の舞台に立つ契機と見た。米韓FTAはサービス産業先進化の機会であり、準備と活用によって経済格差解消の条件になると判断」(パクョンス〔二〇一一〕「盧武鉉大統領の米韓FTA推進理由—大統領リーダーシップを通じた接近」『平和研究』19-1)したのである。

格差問題は、日本を含め世界の多くの国が抱えている問題である。韓国のみが苦しんでいることではない。なお、韓国についていえば、盧武鉉は、低所得層にいる人々が、彼らが従事している産業の低生産性ゆえに所得を得ることができないことに注目していた。所得の低い状態から抜け出すには、彼らに教育・訓練と機会を与えることが必要なのだと考えていた。日本と似通った産業構造を有する韓国にとって、貿易自由化でもっとも被害を受けるのは農業である。しかし、彼は自叙伝で次のように述べている。

一番気がかりなのは農民だった。我が国の農民は年をとっている。引退しようとする農民には引退の道を開き別の政策で安定した生活を送れるよう助けてあげる反面、続けて農業をする人々は世界一流水準で農作業をできるようにすることが、農民のためにも国民経済のためにも望ましいと考える。
(盧武鉉財団〔二〇一〇〕『運命だ—盧武鉉自叙伝』トルベゲ)

本章は、反米政権と目された盧武鉉政権が、なぜ米韓FTAを締結しようとしたのか、さらに、アメリカとの合意を得たにもかかわらず、国内での批准につまずいたのはなぜか、という二つの問いに答える形で話を進めてきた。最初の問いの答えがこれである。貿易自由化が福祉政策と重なれば社会的弱者の生活の質改善につながると見る盧武鉉にとって、米韓FTAは欠かせない政策パーツの一つだったのである。

貿易自由化を進めて経済の効率性を高める一方で、労働力の「再商品化」を進めて労働者の生産性を高め、就業機会を与えることは、矛盾するわけではなく、北欧諸国などで実際に行われてもいる。進歩派が自由化に同意し、保守派が社会投資という福祉政策に同意すればでき、進歩派にとっても保守派にとっても本来好ましからざることではない。

しかし、盧武鉉はこのような社会的合意を導き出すことに失敗した。それは、金大中が試みた労使政委員会のようなコーポラティズム的な枠組みが成立する政治の実態がなく、それがゆえに深刻なイデオロギー対立が生まれたからである。第二の問いの答えはここにある。盧武鉉は金大中のような有能な政治家であったとはいいがたい。それだけに、韓国政治の持つ特徴によって格差問題の解決に道をつけることができなかったのだ。

第四章　反進歩派政策の挫折——李明博政権による政策継承

金大中、盧武鉉と二代一〇年にわたる進歩派政権は、結果的に支持者を裏切るような経済政策を行ってしまった。福祉国家化には成功したものの量的規模は小さく、新自由主義的な改革が進んだ。第三章で述べたように、盧武鉉大統領の場合は伝統的な進歩派の考えとは異なる発想のために、支持者から批判を受けることとなった。進歩派政権が不幸だったのは、だからといって彼らの政策が保守派からも支持されなかった点である。

保守派は、日本で自民党が民主党政権に投げかけた「バラマキ批判」と類似した「福祉ポピュリズム」という表現で、両政権の福祉政策を批判し、その政策ゆえに経済成長に失敗していると攻撃し続けたのである。

それでは、二〇〇八年に、一〇年ぶりの保守派政権として誕生した李明博政権は、どのように経済政策を展開したのであろうか。序章で述べたように、同政権は保守的で大企業優遇の政権と見なされることが多かった。それは事実だろうか。李明博が何をしようとしたのか、果たしてそれができたのか。経済政策、福祉政策と通商政策を通して見ていこう。

1　李明博政権の狙い

進歩派政権のアンチテーゼ

はじめに、李明博政権は、何をしようとしたのかを見ておこう。

李明博政権は、進歩派政権のアンチテーゼとして出発した。明らかに意識していたのは、盧武鉉政権の否定である。アメリカでジョージ・W・ブッシュ政権の政策が、前任者の政策を否定する意味で、「エニシング・バット・クリントン（Anything But Clinton. クリントンのしたこと以外なら何でも）」であると評されたのをもじって、「エニシング・バット・盧武鉉」がスローガンですらあった。それは、二代の進歩派政権を支えたアメリカ帰りの経済官僚たちの思想、すなわち新自由主義へのアンチテーゼでもあった。李明博政権の経済政策は、実用主義と呼ばれる。成長の果実の分配よりも、高い経済成長を遂げることで国民経済を豊かにすることを目指す。そのためにあらゆる手段を動員し、体系性はあまり重視しないことを意味していた。具体的には、大きく二つの要素からなっていた。

一つは、進歩派へのアンチテーゼである、マクロな新自由主義である。同政権は大規模な減税と大規模な規制緩和を行うことを掲げる。減税の主たる対象は法人税である。規制緩和では、財閥の活動規制の緩和を行おうとした。韓国では、巨大な経済権力である財閥の経済支配力を抑制するためにさまざまな経済規制を行っているが、このうち、出資総額制限、持株会社関連規制、財閥企業範囲指定基準、金融機関への財閥の出資制限を廃止ないしは大幅に緩和して、投資活動の活性化を図ろうとした。いずれも、富裕層や財閥など社会的強者をより強くする可能性が高いため、進歩派は好まない政策である。

もう一つは、新自由主義の前提となるオーソドックスな経済学のアンチテーゼである、ミクロな開発主義である。李明博政権は、韓国を網羅する大運河建設などの大規模な社会間接資本の整備を掲げた。また物価上昇に対しては、公営企業の経営を度外視した公共料金の引き下げや、携帯電話などの通信料金や銀行手数料の引き下げなどを行った。前者は財政の膨張によりインフレを引き起こす可能性を大きくし、後者は明らかに非市場的で恣意《しい》的な物価誘導政策であるため、市場の規律を重視する常識的な政策に合わない。これらの政策に体系性はなく、進歩派からはもちろんのこと、経済専門家からも評判が芳しくなかった。

能動的福祉

李明博政権は福祉政策についても、進歩派政権と異なる政策をとろうとした。政権が掲げた新しい福祉路線は、「能動的福祉」と呼ばれた。これは、「社会的リスクの予防と解決のために、国家の責任を強化し、再起と自立の機会を拡大するために、個人―社会―国家が協力して、国民の基本生活を保障し、安全で幸せな生活を支持する福祉」を意味する。第一に、生涯福祉基盤の整備、第二に、予防・需要合致型福祉、第三に、市場機能を活用した庶民生活の安定、第四に、社会的リスクから安全な社会、を実現するとされた。

李明博政権の福祉政策のスローガンとなる能動的福祉は右記の通り定義されるが、金大中政権の「生産的福祉」、盧武鉉政権の「参与福祉」と同様、概念が曖昧で具体性が欠けるため、解釈次第のところもある。しかし、進歩派に対するアンチテーゼを、ここでも垣間見ることができる。

李明博

ここまでの政権の説明からわかるのは、彼らにとって福祉とは、国民が「再起と自立」を図るうえで必要なものである。福祉を必要とする人にサービスが行き渡ればそれでいい。これは、国民の権利として福祉サービスの提供を行おうとする進歩派時代の普遍主義とは逆の発想で、選別主義的な性格が強い。

また、福祉サービスに市場原理を導入することも明記している。福祉は国家が責任を持つとしても、その提供のあり方には民間も参加することを是認し、福祉サービスを産業と位置づける。貧困予防を重視し、新しい社会的リスクに注目するなど、進歩派政権の方向性を継承する部分もあるが、進歩派が目指した社会民主主義ではなく、明らかに自由主義的な政策に転換することを狙っていた。

彼らが政権初期段階で検討した、具体的な課題についても、この色彩は強く表れていた。年金と医療保険について見てみよう。

韓国の公的年金である国民年金は、盧武鉉政権の末期である二〇〇七年に大規模な改革をすでに行っていた。すなわち、二〇二八年までに、四〇年加入者の平均所得基準で所得代替率を六〇%から四〇%に引き下げるよう制度設計を見直した。このように全体に給付を抑制する改革は衝撃的で、私的年金市場を成長させる起爆剤となる。給付削減の補完措置が、基礎老齢年金制度であった。基礎老齢年金は、所得上位層三〇%以外の高齢者に対し、最高給付額で当面平均申告所得額の五%以下を給付することとなっていた。

盧武鉉政権末期に行われた改革に加えて、李明博政権は国民年金と基礎老齢年金の統合を計画した。基礎老齢年金を基礎年金に転換し、基礎年金は高所得層を除き大部分に支給するが、国民年金は基礎年金額分を減額して給付するとする。つまり、基礎老齢年金受給者はこれまでは基礎老齢年金と国民年金の両方をもらっていたが、改革後は基礎老齢年金相当額が減額される。これは、公的年金を基本的には高齢貧困層への対策であると限定的に捉え、私的年金への依存を強める効果をもたらすものである。

医療サービスの産業化

医療保険についても、李明博政権は、公的保障の性格を弱め、医療サービスを産業として捉え育成していく改革を目指す。

韓国の公的医療保険である国民健康保険は、大きく二つの問題を抱えていた。一つは財政赤字である。保険者である一般国民が、医療保険管理者である医療組合に保険料を納め、それをもとに管理者が病院などの医療サービス供給者にサービス料を提供する、いわゆる社会保険方式は、保険財政赤字を生み出しやすい。第一章で説明したように、韓国もまた健康保険の財政赤字が大きな問題であった。

もう一つは、健康保険によるカバー率の低さ、言い換えれば治療費に関する本人負担額の高さである。健康保険によるカバー率は、二〇〇六年基準でOECD諸国平均が七二・四％なのに対し、韓国は五一・四％にとどまっていた。

この問題について李明博政権は、医療保険料収入の拡大ではなく、給付支出の効率化によって医療保険財政の安定化を図ることで解決しようとした。すなわち、公的な健康保険制度を基本保障型に縮小し、基本的なサービスは公的保険で一定程度負担するが、高度な医療サービスなどその他のサービスは個人ないしは民間保険で負担させようとしたのである。

併せて健康保険当然指定制の廃止を進める。同制度は、国内の病院をすべて健康保険指定医療機関とするもので、医師たちは治療費を自由に設定できない。これが、診療報酬を低く抑えられている医師たち、保険市場を拡大したい民間の保険業界、外国人患者の積極的受け入れなど医療サービスを産業化したい政府にとって障害となっていた。

だが、制度の廃止は韓国の医療サービスのあり方を激変させる可能性が大きかった。なぜなら、医療サービスの階層化を認めることになるからである。制度が廃止されると、診療報酬を自由に設定できる非指定医療機関は優秀な医師を集めやすいので、指定医療機関と受診内容や医療の質に差が生まれる。しかし前者への支払いは健康保険でカバーされないので、個人で負担するか、民間保険への加入が必要である。それができるかどうか、言い換えれば貧富の差が受診できる医療の差にまでつながることになる。

このように、李明博政権が掲げる能動的福祉は、韓国の社会保障制度を自由主義的に再編する方向性が強いものであった。

継承されたFTA戦略

李明博政権は、エニシング・バット・盧武鉉であったが、唯一継承を明言していたのが、米韓FTAをはじめとするFTA戦略であった。

彼の政権のもとで、ASEANとのFTAはさらに深化し、商品貿易、サービスに関する協定に続き、二〇〇九年には投資協定も結ばれた。もっとも重要なのはアメリカおよびEUとの協定発効である。韓国の貿易相手は、二〇一〇年時点で第一位が約二割を占める中国で、続いて日本、EU、アメリカがほぼ一割であった。日本と中国を除く主要貿易相手国・地域とのFTA締結により、とりわけ輸出市場で競合することの多い日本に対し、関税や貿易手続きの面で優位に立った。FTAを積極的に進め、世界の主要国とFTAで結ばれることは「経済領土」を拡大することにつながるとも表現された。

FTAを世界各国と結ぶことについて、保守派はもちろん、進歩派も反対ではなかった。ただし米韓FTAの扱いは別である。保守派は賛成であったのに対し、進歩派は慎重であった。保守派の李明博政権は、米韓FTAを、通商面だけでなく、アメリカとの同盟関係を強化できるとも主張し推進した。

このロジックは盧武鉉政権とは大きく異なる。盧武鉉は通商政策と安全保障とは切り離して考えていた。米韓軍事同盟の重要性は別として、米韓FTAによる対外開放とそれに伴う経済構造調整が利益になると考えていたからである。

李明博をはじめ保守派が展開した、盧武鉉政権が米韓関係を困難にしたとの主張は、実は表層的な批判であった。たしかに、盧武鉉の言動には反米的なところもあり、彼の支持基盤も反米的であった。しかし、アメリカがイラク戦争を開始すると、これを支持し、戦争終結後はその要請に従って、イラク再建のための派兵を決めるなど協力的な姿勢を示していた。

盧武鉉は北欧型の福祉国家を目指して、社会保障とFTAをつなげる政策パッケージを志向していた。他方、李明博は米韓FTAと安全保障をつなげる政策パッケージとした。これは、保守派にとっても進歩派にとっても理解しやすい構図であった。

2　二重の制約

リーダーシップの条件

李明博の大統領選挙時の公約、政権初期の政策動向を検討すると、彼はある種の保守主義の側からの革命を行おうとしていたことがわかる。

進歩派政権、とりわけ盧武鉉政権では、社会保障制度などで国民の間でどのように所得の再分配をするのかが重要なテーマであった。他方、李明博政権の場合は、分配ではなく、経済全体のパイを急速に拡大して人々の経済的不満を解消しようとした。GDP成長率七%という、一人あたりGDPが二万ドルの国では考えがたい速さの経済成長を成し遂げることで、人々を幸福にする、「国民成功時代」を起こすというのが彼の主張だった。

問題は、政策実施が可能な権力基盤を李明博が持っていたかである。

一般的に、大統領なり首相なり一国のリーダーが強いリーダーシップを発揮するための条件として挙げられるのは、次の三つである。

第一は、憲法に規定された権限である。憲法が多くの権限を与えれば、それだけ大統領の権力は強くなり、リーダーシップを発揮できる。

第二は、議会からの支持である。いかに強力な憲法権限を有する大統領であっても、法律を作ることができるのは国会である。それゆえ、国会の支持なしに自らの政策を実現することはできない。優れた大統領であるかどうかは、自らの政策を法律化するよう国会議員たちを説得できるかどうかにかかっている。

第三は、大衆からの支持である。仮に国会議員の支持が低くても、大統領が多くの有権者の支持を得ていれば、議会は大統領の政策を受け入れる可能性が高い。

以下、補足すれば、第一について、韓国の大統領は、軍の最高司令官であり、閣僚、官僚に対する人事権を有している。戒厳令や緊急措置を議会による事前の審議なしに実施することができ、アメリカの大統領にはない予算案提出権、法案提出権を持っている。しかし、国際的な比較を行った場合、韓国の大統領の憲法的権限は比較的強いほうだが、もっとも強いわけではない。

第二については、大統領個々人の個性と制度によって左右されるが、韓国は制度的には強いリーダーシップを発揮するための支持を得にくい仕組みである。それは大統領と国会議員の選出周期が関係している。大統領は五年任期で、連続して二期務めることはできない。他方で、国会議員は四年任期で、当選回数に制限はない。さらに、大統領に国会解散権はない。それゆえ、大統領選挙と国会議員総選挙は二〇年に一度近くなるが、通常一年以上間が空くことになる。

なお、もっとも接近するときでも、アメリカのように同日選挙になることはない。韓国の大統領選挙は一二月に行われ、国会議員総選挙は四月に行われることになっているためである。

一般的に、大統領選挙と国会議員総選挙が近ければ近いほど、大統領の所属政党が国会でも多数を握る傾向があり、離れれば離れるほど野党が多数を握る傾向がある。大統領の所属政党と国会の多数党が異なる状況を分割政府というが、韓国は制度上この状態に陥りやすい。ただし、李明博政権に関していえば、分割政府の可能性は比較的低かった。彼は大統領選挙（二〇〇七年一二月）と国会議員総選挙（二〇〇八年四月）がもっとも接近する幸運な時期に大統領になったためである。

第三の大衆的支持は、個々の大統領の個性によるところが大半である。マスメディアをうまく活用できるかどうかや、戦争など対外的危機があるかどうかなどが影響するが、いずれも制度的に統制することはほとんど不可能である。

複雑な選挙結果

さて、李明博はどうであったのか。彼は二〇年に一度の幸運のなか、所属政党ハンナラ党が国会議員総選挙で勝利し過半数を得やすい条件下にいた。加えて、盧武鉉に対する国民の失望もあった。進歩派政権のもとで経済格差が拡大したのである。李明博はアンチ盧武鉉の政策を主張したが、大半の有権者もアンチ盧武鉉であり、そのあまりの不評は、進歩派自体

4-1 大統領選挙結果（投票率：63%）

所属政党	候補者名	得票数	得票率(%)
大統合民主新党	鄭東泳	6,174,681	26.1
ハンナラ党	李明博	11,492,389	48.7
民主労働党	権永吉	712,121	3.0
民主党	李仁済	160,708	0.7
創造韓国党	文国現	1,375,498	5.8
参主人連合	鄭根謨	15,380	0.1
経済共和党	許京寧	96,756	0.4
新時代チャムサラム連合	全寛	7,161	0.0
韓国社会党	琴民	18,223	0.1
無所属	李会昌	3,559,963	15.1

注）韓国中央選挙管理委員会データベースより筆者作成

への否定的評価につながっていた。

ここで少し大統領選挙を振り返ろう。大統領選挙の結果は4-1の通りである。盧武鉉の支持政党であったウリ党は一度解党し、大統合民主新党となっていたが、候補者である鄭東泳《チョンドンヨン》の得票数は三割にも及ばず、五割近い票を獲得した李明博の圧勝であった。この結果を見る限りでは、李明博は第三の条件を満たし、強いリーダーシップを発揮する条件があったといってもいいであろう。

しかし、有権者の李明博への支持は、あまり強いものではなかった。彼にはハンナラ党で、党内の勢力や有権者からの評判という点において、自身に匹敵する強力なライバルがいたからである。その人物が、朴槿恵である。彼女は朴正煕元大統領の娘であり、一〇年間の野党時代に、ハンナラ党の党首として国会議員選挙で同党を何度も勝利に導くという実績を有していた。実際、二〇〇七年八月に行われたハンナラ党予備選挙で李明博は次期大統領候補に選出されたものの、李明博が八万一〇八四票、朴槿恵が七万八六三二票と、その差はわずかであった。

もっとも、予備選挙で薄氷を踏む勝利であったとはいえ、勝利は勝利である。その後対立候補の支持を取り込んで強いリーダーシップを発揮した例はいくらでもある。強力なライバルがいたこと自体は強いリーダーシップの障害にはならない。問題は、党内を二分する勢力を誇る朴槿恵派が、強い結束力を保持したまま党内野党になってしまったことである。

朴槿恵派の与党内野党化

民主化以降の大統領にとって与党を自身の支持勢力で固めることは、国会対策のうえで重要であった。それゆえ、最初から与党内に非主流派が存在しなかった金大中を除き、すべての大統領は非主流派を抱き込むか、選挙の際に公認を与えないことで追い落としを図ってきた。この点で李明博も同様の行動をとる。大統領選直後の国会議員総選挙を利用して、朴槿恵を少数派に追い込み、ハンナラ党を李明博の政党に塗り替えようとした。朴槿恵派の大半に党公認を与えず、かわりに自派の新人候補を送り込もうとしたのである。

しかし、この企ては失敗した。李明博は、ハンナラ党としては議席の過半数を得たものの、朴槿恵派を除くと国会を支配できない状況となった。加えて、党外に追いやった朴槿恵派が「親朴連帯」という政党組織を作り、時期的に「親朴連帯」に入れなかった国会議員も朴槿恵支持を掲げて無所属で立候補した。彼らは選挙に勝ち、親朴連帯が一四名、無所属の朴槿

4－2　第18代国会議員総選挙（投票率：46.0%）

党派	合計	地域区	比例代表	得票率（%）
ハンナラ党（李明博）	153	131	22	37.48
統合民主党（孫鶴圭）	81	66	15	25.17
自由先進党（李会昌）	18	14	4	6.84
親朴連帯	14	6	8	13.18
民主労働党	5	2	3	5.68
創造韓国党	3	1	2	3.80
無所属・諸派	25	25	0	7.77
合計	299	245	54	

注）韓国中央選挙管理委員会データベースより筆者作成

恵派が一二名当選した（4－2）。このうち一九名が翌月ハンナラ党に復党する。党内に残留していた議員と合わせると、朴槿恵派はハンナラ党議員の三分の一を占めることになった。

これは、先ほど挙げた第二の条件である議会での支持確保に李明博が事実上失敗したことを意味している。もし朴槿恵が党を去り新党を結成すれば、ハンナラ党は少数与党になる。議会運営で朴槿恵が拒否権を握るという状況が現出したのである。彼は二〇〇年に一度の幸運を活かすことができなかった。

李明博が議会掌握に失敗しても、第三の条件である大衆的支持があれば強いリーダーシップを発揮することはできるかもしれない。しかし、大統領選挙での高い得票率は敵失によるものであって、彼自身が強く支持されたからではなかった。

李明博は若くして、現代財閥の筆頭企業である現代建設の社長に就任し辣腕《らつわん》をふるった経済人で、その能力を活かしてソウル市長として活躍し大統領の座を射止めた。だが、経済人としての経歴から汚職の噂が絶えなかった。大統領選挙直前にも汚職疑惑が出て、その払拭のために全個人財産を国家に献納するといわざるを得なくなるなど、大衆的支持を得る要素が不足していた。大統領選挙としては史上最低の六三％の投票率にとどまったのには李明博に魅力がないことや、かといってほかに投票先もないという有権者の判断が反映しているといえる。

第二の条件を満たすことができなかったのも、彼の不人気ぶりを朴槿恵派に見透かされていたためだといえるであろう。

ロウソク集会

第三の条件が満たされていなかったことは、国会議員総選挙後まもなく明らかになった。それが、アメリカ産牛肉輸入に反対するロウソク集会であった。

アメリカでのBSE発生を受けて、韓国は二〇〇三年一二月にアメリカからの牛肉輸入を停止した。アメリカはこの措置を科学的根拠に基づかないとして撤廃を要求しており、盧武鉉政権時の米韓FTA交渉でも最重要事案の一つであったことは前章で触れた。

盧武鉉政権は、二〇〇五年一〇月に牛肉輸入再開決定を行い、〇六年九月より生後三〇ヵ月以下の骨なし肉に限り輸入を再開したが、同年一一月末から一二月にかけて輸入品検査で小さな骨片の混入が見つかり、輸入がストップする。FTA交渉妥結後、再開された牛肉輸入交渉は、李明博政権の登場を受けて進展を見せる。それまで三〇ヵ月以下に限られていたものが、三〇ヵ月以上の特定危険部位以外も許容し、三〇ヵ月以下であれば特定危険部位についても許容するという内容で、二〇〇八年四月一八日に合意を見たのであった。合意は李明博大統領の初訪米と合わせて、いわばアメリカへのお土産、FTA交渉の促進材料と考えられた。

この直後に、BSE問題が韓国で火を噴いた。きっかけは四月二九日に韓国の民間テレビMBSのドキュメンタリー番組「PD手帳」が、アメリカ産牛肉の危険性を扱ったことである。BSEに感染したといわれる牛がよろめく姿など衝撃的な映像は、実際にはBSEとは関係がなかったことがのちに明らかになるが、放送直後、韓国人の意識を大きく変えてしまった。

五月二日にインターネットカフェ「李明博弾劾のための汎国民運動本部」が主催する「牛肉輸入反対第一次ロウソク文化祭」に一万人が参加、五日には大統領に対する弾劾署名が一〇〇万人分集まった。翌六日には「狂牛病国民対策会議」が結成され、約一七〇〇の市民団体とインターネットコミュニティが参加した。これ以降、一〇〇日間あまりにわたって連日連夜全国各地でロウソク集会が行われ、七月五日にはソウル市市庁舎前広場に二〇万人が参加するに至る。

これほどのデモは、一九八七年六月の民主化運動以来であった。五〇%台であった大統領

ロウソクデモに参加した人々（2008年）

支持率は一〇％台にまで急落する。李明博は、大統領の国民に対する直接謝罪、関係閣僚の交代、大統領府秘書陣の全面刷新を行わざるを得ない事態に追い込まれた。

ロウソク集会は、子ども連れの主婦の参加、インターネットを通じた呼びかけ、特定集団によるリーダーシップの不在から、進歩保守などの政治事情に関係のない市民による新しい形のデモと、当時、メディアや識者が指摘していた。しかし専門的な調査の結果、デモ参加者には、湖南地域出身者、若年層、進歩的理念の保持者が多く、二〇〇二年の盧武鉉大統領支持グループとの共通性が指摘されている。ロウソク集会は、壊滅的な二〇〇七年の大統領選挙からの進歩派の巻き返しの側面が強かった。

結局、李明博は、強いリーダーシップを発揮するための条件をほとんど満たすことができず、政権運営を行うことになった。彼が目指した保守主義に基づく革命は、こうした制約条件の下、実現が困難になっていった。

3　「実用主義」の蹉跌《さてつ》

大運河構想

李明博のリーダーシップの不足が最初に露呈したのは、皮肉にも彼がもっとも重視した経済政策であった。

経済政策で彼が政権公約に掲げた目標は、「七四七」と呼ばれる。GDP経済成長率七%を一〇年間続け、一人あたりGDPを四万ドルに載せ、世界第七位の経済大国を築くことを象徴したスローガンである。その実現のために彼が打ち出したのが、大運河構想だった。

朝鮮半島を南北に縦貫する運河を作ることで、物流費用を抑え、内陸都市を港湾都市に変えれば、内陸経済も活性化する。李明博政権はその手始めとして、ソウルなど首都圏を流れる漢江《ハンガン》と、釜山を河口とし南北に流れる洛東江《ナクトンガン》を結ぶ京釜《キョンブ》運河を建設するとしていた。彼は国土を改造することで経済活性化を目指したのである。その姿は、日本列島改造論を主張した田中角栄《たなかかくえい》を想起させるところがある。

この構想は、実は大統領選挙で公約としたときから不人気だった。大統領就任後、構想推

4-3　外国為替レートの推移

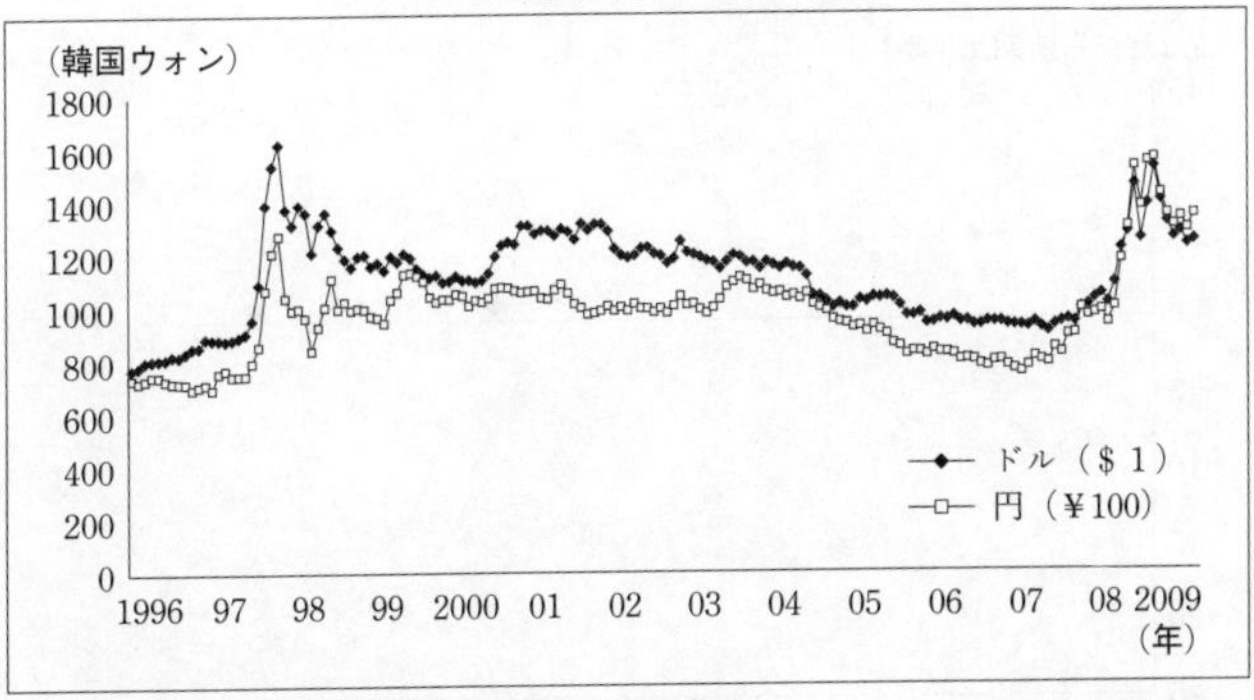

注）三菱東京UFJ銀行主要為替レートより筆者作成

進のために政府部内に大運河事業準備団を設置したものの、選挙の矢面に立てるとよくないと考えたのか、四月の国会議員総選挙前に一度解体し、選挙後再び設置している。しかし市民団体を中心に、土建国家、環境破壊との強い批判が吹き荒れ、五月に始まったロウソク集会が決定打となり、六月には構想撤回に追い込まれた。

リーマン・ショック

その最中に世界経済を襲ったのが、リーマン・ショックである。韓国通貨ウォンの価値は暴落する。二〇〇七年の最高値と比較すると、〇九年初頭にはほぼ半値にまで下落した。

4-3に示したように、韓国ウォンの対ドルレートは、二〇〇八年初めには一ドル＝九三四・五ウォンだったが、九月より急速に下落し、一一月二四日には一ドル＝一五〇九ウォンへと暴落した。対円では二〇〇

4－4　実質GDP四半期別経済成長率

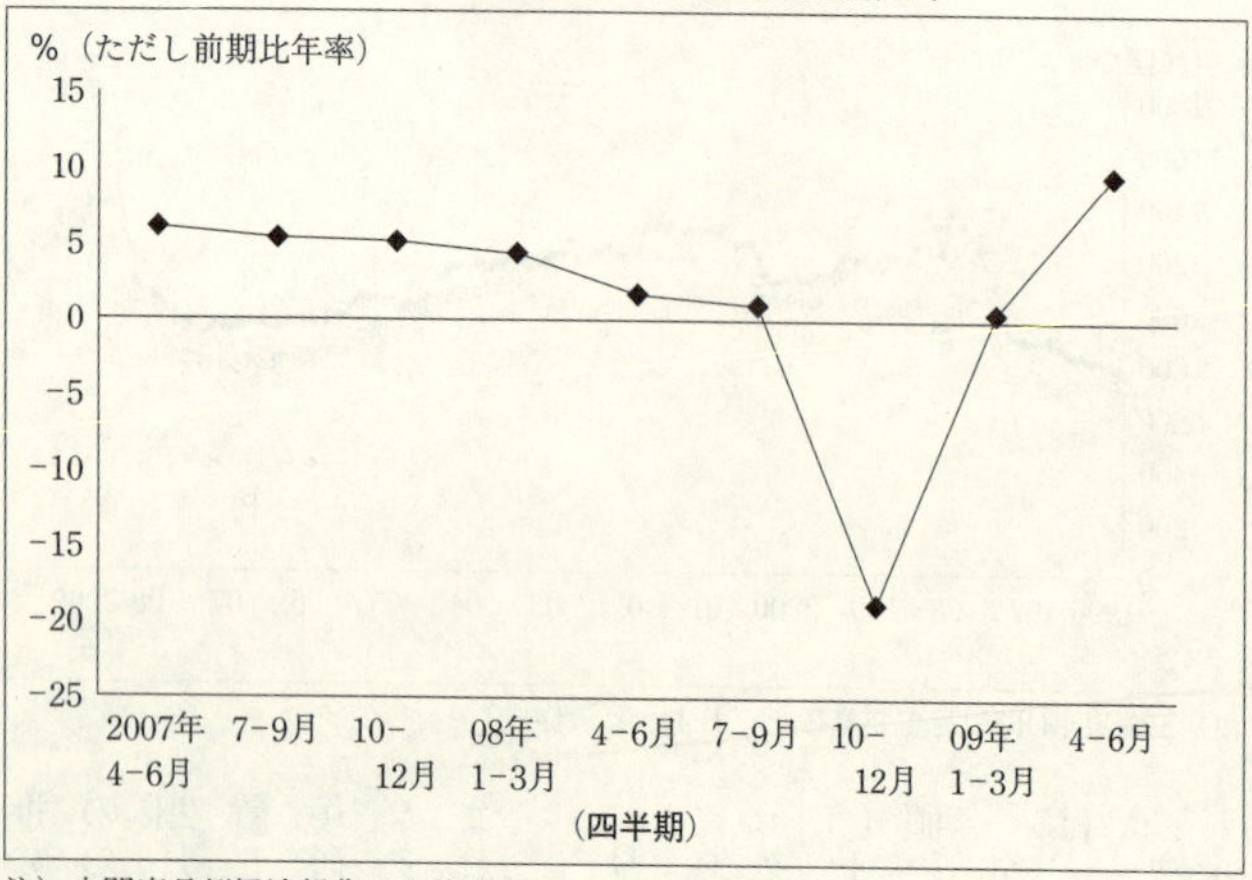

注）内閣府月例経済報告より筆者作成

八年初めの一〇〇円＝八三八・二ウォンから一二月八日の一〇〇円＝一五九八・二五ウォンへと、五割近く下落した。リーマン・ショック時に、これほど通貨価値が下がった国は、アジア諸国では存在しない。

株式市場の下落も急速であった。総合株価指数（KOSPI指数）は、二〇〇七年一一月一日の二〇六三・一四ポイントから下落しはじめていたが、翌〇八年一〇月以降にその速度を速め、一〇月二四日には九三八・七五ポイントに落ち込んだ。

通貨・金融市場の急変は、実体経済の悪化につながった。世界金融危機の震源地であるアメリカの購買力低下を受けた輸出減少も相まって、4－4に示すように経済成長率も急落し、第四・四半期には大幅なマイナス成長に転じた。成長の鈍化は雇用に影響する。世界金融危機以前より、韓国は非正規雇用の占める割合が多かったが、サブプライムローン問題が表面化した頃から就業自体をあきらめた若者が急増していく。主として小売り、飲食業に属する業種に従事していた自営業者も減少しはじめ、全体として労働環境が悪化したのである。

不安定な金融市場

以上の急変は、国際金融市場の動きと韓国の金融機関の行動の影響を受けたものである。国際金融市場の関係では、金大中政権以降、韓国の金融市場は開放されたため、隣国である日本との金利差が外国人投資家にとって魅力的であった。すなわち、史上まれに見る低金利を続ける日本で円を調達し、金利が高い韓国で資金を運用することで容易に利益を上げることができたのである。

しかも韓国はサムスンをはじめとして、製造業部門で優良でかつ輸出を中心とする企業が存在し、ドルなどの外貨需要が大きかった。つまり、韓国は代表的な円キャリートレードの運用先であったのである。

しかし、欧米の機関投資家は、世界金融危機で現金確保の必要に迫られたため、韓国への投資を引き上げる。とりわけ、当時韓国ウォンは他国通貨に対し高すぎたため、早期に引き上げないと為替差損をも被ると考えられた。

4－5　外貨準備高と短期外債

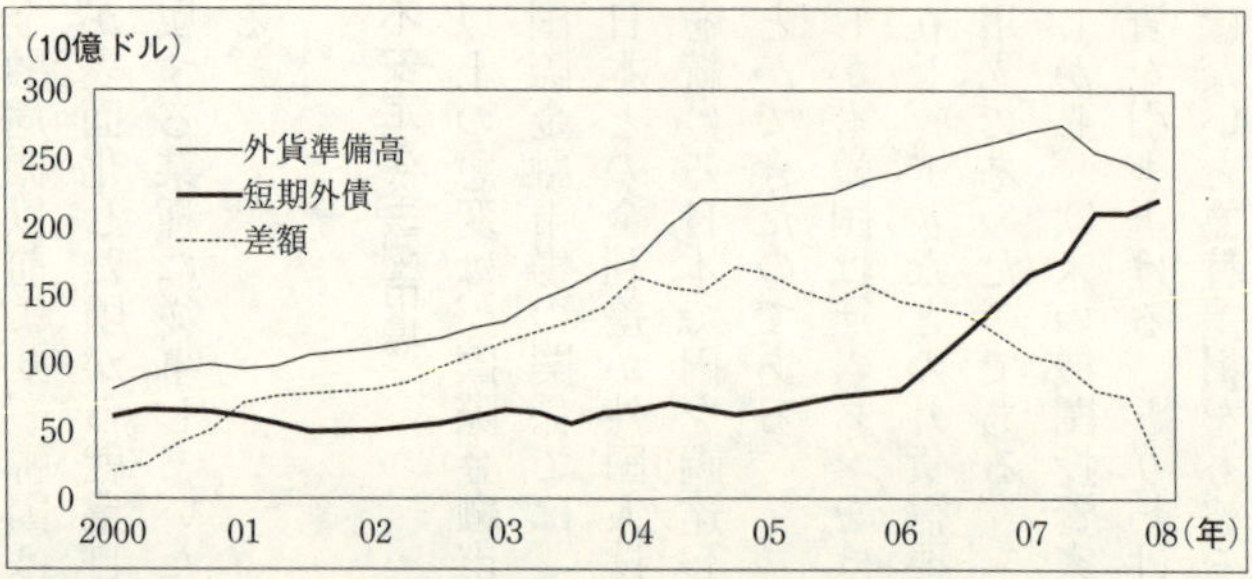

［資料］ユジョンイル（2009）『危機の経済－金融危機と韓国経済』思索の木

韓国の銀行もまたこの流れのなかにいた。彼らは海外の安い資金を調達し、国内と海外で運用した。韓国国内での貯蓄率が低下していたため、やむを得ざる選択であったともいえる。また、銀行株式の六割超を保持する外国人投資家は短期の収益率上昇を要求してもいた。

加えて、韓国の銀行による短期債務が急増していた。このとき韓国は世界四位の外貨準備を誇っており、表面的には外国金融機関やヘッジファンドが通貨ウォンを市場で売り浴びせる通貨アタックに耐えうるはずであったが、短期債務の急増は実質的に利用可能な外貨準備の量を急減させていた（4－5）。そこから生じる不安心理が、一層のウォン売りを招き、暴落を促進させたのであった。

韓国は不安定な国際金融市場の動きに振り回されたわけで、一九九七年のアジア通貨危機時のように原因は自らにはなく、不運であったとするしかない。しかし李明博政権自体にとっては、必ずしも悪い事態ではなかった。もはや不人気な「七四七」という目標に縛られる必要はなくなった。韓国経済が低成長に陥っても、その原因が政権にあるという者はなく、さらに、大手を振って得意の公共事業を実施できるようになったからだ。

李明博の危機対策

李明博政権は危機対策をどのように行おうとしたのか。それは、大きく二つに分かれる。一つは、アメリカ、日本などとの通貨スワップ協定の締結である。通貨スワップ協定とは、各国の中央銀行が互いに協定を結び、自国の通貨危機の際、一定のレートで協定相手国の通貨を融通しあうことを定める協定のことである。韓国通貨ウォンは、アメリカドル、日本円と異なり、国際決済通貨としての地位にないため、外貨不足が経済危機に直結する。日米両国とのそれぞれ三〇〇億ドルを上限とする通貨スワップの設定は、短期外債の急増による一時的な外貨不足を緩和し、為替の下落を食い止めた。

もう一つは、内需の拡大である。李明博は、二〇〇七年終わり頃から顕著になってきた、ウォン高の終焉による輸入原材料の高騰に対し、人為的な政府介入によって物価統制を行った。それは短期的には有効に働いた。外国為替市場に介入してウォン高を誘導するのが、物価上昇に対するよりオーソドックスな方法であるが、今回のように外国人が大量の株式売却を続ける状況下では、外貨準備の無駄な消費に終わってしまっていたであろう。

さらに、景気浮揚策として、財政出動による内需拡大政策を行う。このとき韓国の財政出動は、他のOECD諸国と比べて巨額であった。その金額は六億六七〇〇万ドルで、OECD諸国中七番目、GDP比では三番目であった。減税措置はさらに大きく、GDPの二・八五％に達し、OECD諸国で三番目の規模であった。もっとも、このうち社会保障に回したのは全体金額の一五・八五％（二〇〇九年一六・〇二％、二〇一〇年一五・六五％）で、他国に比べると小さい。中心となったのは公共事業であった。

九月以降、李明博政権は、再生可能エネルギー開発や低炭素社会実現のための発電所整備など、環境対策のための公共投資を通じて雇用を生み出すことを意味する「グリーン・ニューディール」と称して、実質的に大規模な社会間接資本投資を開始した。その総額を一〇〇兆ウォンと宣言し、うち二〇一二年までに投資するとして五〇兆ウォンを具体化した。その内訳は、大運河構想の代替事業である四大河川整備に一四・四七兆、交通網整備に九・六五兆、エネルギー節約型住宅・校舎であるグリーンホーム、グリーンスクール建設に八兆など、計三二兆ウォンが土木関係であった。

衰退する土建国家

こうした施策によって、李明博は韓国を時代遅れの土建国家に引き戻したとの批判が強い。そのシンボルが四大河川事業である。先に触れた漢江、洛東江に加え、忠清道に位置し、百済《くだら》の古都である扶余《プヨ》を通る錦江《クムガン》と、朝鮮半島南西部を流れる栄山江《ヨンサンガン》を含めた四大河川にダ

4-6　政府予算に占める公共事業関連支出割合（単位：兆ウォン）

	2007年	2008年	2009年	2010年
中央政府予算	237.1	257.2	284.5	292.8
SOC関連支出	18.4	19.2	24.7	25.1
比率（%）	7.8	7.4	8.7	8.6

［資料］ホンソンテ（2011）『土建国家を改革しろ』ハンウル

ム、堤防を整備し、河床を数メートル浚渫《しゅんせつ》する大規模工事で、予算規模は膨らんで二二兆ウォンに達した。この事業は韓国の生態系に深刻な打撃を与えるとして、環境NGOや宗教団体、生協などが反対運動を展開した。

では、李明博政権における土木政策の規模そのものはどの程度のものであったのであろうか。彼が想定した、公共事業による経済成長を引き起こすほどの規模に達していたのであろうか。この点をデータで確認しておこう。

はじめに、政府予算に占める公共事業の規模を見ておこう。

4-6は盧武鉉政権末期から李明博政権前半の中央政府予算とSOC（公共事業）関連支出およびその割合を見たものである。李明博が予算編成を行った二〇〇九年以降、公共事業関連予算が占める割合は一%程度増加しており、盧武鉉政権よりも公共事業を増やしたことは確かである。

しかし、その効果は限定的であった。不況で受注が減少した建設業を下支えするぐらいの効果はあったとしても、李明博政権が当初考えていたほどではなかった。OECDのデータによると、韓国は、4-7を見ればわかるように、金大中政権までは抜きんでた土建国家で、競合しうるのはスペインぐらいであった。GDPに占める建設業の割合は、OECD諸国で

4－7　建設業のGDP比重　国際比較

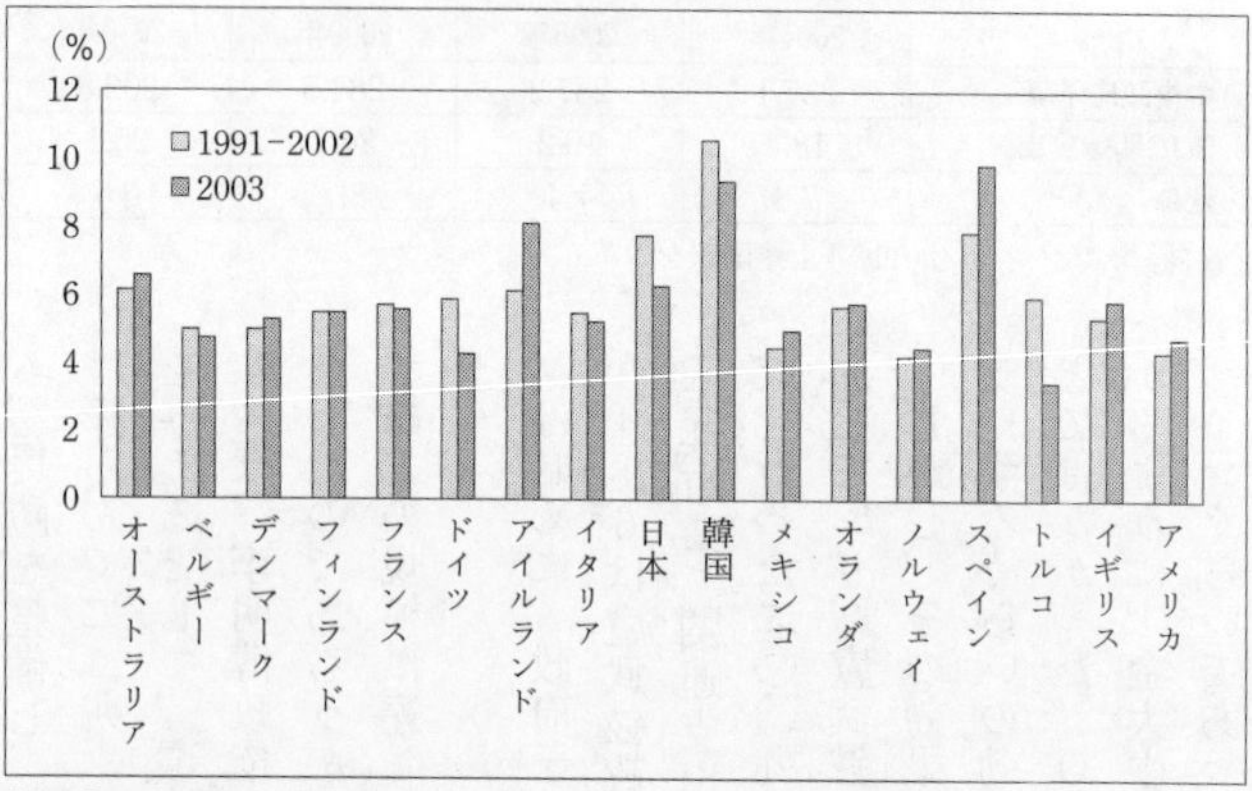

［資料］ユジョンイル（2009）『危機の経済－金融危機と韓国経済』思索の木

は大半が五％前後であるのに、韓国は八％を超えていた。

しかし、その後この比重は盧武鉉政権下で低下した。４－８は二〇〇五年以降の、ＧＤＰに占める建設業の割合について、韓国とＯＥＣＤ平均値を比べたものである。４－７と比べてもらえばわかるように、韓国の建設業比率は急速に低下している。ＯＥＣＤ平均値よりはやや多めではあるが、一〇年前までのような乖離はもはやないといってよい。加えて、李明博政権になって建設業比率が増えたということはなく、むしろ減り続けているのである。

このデータは公共事業が経済成長に与える影響を見たものではなく、建設業の韓国経済における重要性を示したものであるので、表からいえることに限界はある。しかし、次のことはいえるだろう。

二〇〇九年、二〇一〇年については、金融危機に伴う民間の建設需要の落ち込みを公共事業が補った可能性は大きい。しかし、それによって建設業の比重が拡大したというわけではない。通常、韓国では建設需要全体に占める公共事業の割合は四五%程度であることを考えると、民間の落ち込みを補った程度にとどまるのである。

むしろここから読み取れるのは、盧武鉉政権との連続性である。李明博政権は、前政権の方針を完全に覆すことはできず、その延長線上で限定的な変化を求めたにとどまった。リーマン・ショックという免罪符がありながら、従来の経済政策のあり方を維持するしかなかったといえるだろう。

4-8　建設業のGDP比重（単位：%）

	建設業比率	OECD平均値
2005	6.9	5.9
2006	6.7	6.0
2007	6.5	5.9
2008	6.2	5.8
2009	6.3	5.5
2010	5.8	5.2
2011	5.3	5.0

注）OECDデータベースより筆者作成

福祉改革の後退

盧武鉉政権との連続性がより鮮やかなのは、社会保障政策の分野である。

李明博政権は、金大中、盧武鉉と二代続いた進歩派政権の社会保障政策はバラマキであって、経済成長をも阻害したと批判して登場した。そして、社会民主主義的な福祉改革を自由主義的な路線に転換しようとした。しかし、彼が示していた自由主義的な制度改革はほとんどなされなかった。

「能動的福祉」を掲げた李明博政権は、市場機能導入を通じた福祉需要の充足と雇用創出および低所得層中心の福祉政策を実施しようとした。まず二〇〇八年三月に保健福祉家族部によって四二の細部課題が発表された。

当初より、李明博政権が掲げる、仕事を通じた福祉や福祉サービス市場創出については厳しい批判があり、福祉が市場中心に急速に改編され、経済政策に従属させられるという指摘があった。そこに、アメリカ産牛肉輸入反対運動、石油価格上昇、リーマン・ショックが重なり、李明博政権は政策転換を余儀なくされる。とりわけ二〇〇八年五月から始まるロウソク集会の影響は大きかった。

二〇〇八年一〇月、李明博政権は「李明博政府の一〇〇大国政課題」を発表し、そのなかで四大国政戦略と二〇大国政課題を提示する。その内容は、政権初期に発表した「李明博政府の国政哲学と核心政策課題」と異なり、社会保障分野では自由主義色が大幅に薄らいだ。例えば、健康保険当然指定制の廃止と健康保険公団分割など市場志向的福祉政策は一〇〇大目標から外れている。その結果、進歩派政権の政策と大差なくなっていたのである。

福祉予算の拡大が間違いなく見込まれるにもかかわらず、盧武鉉政権が導入を決めていた新しい制度の施行もなされた。二〇〇七年から開始した基礎老齢年金に加えて、日本の介護保険に相当する長期養老保険と、ボーダーライン層の就業を奨励するEITCが二〇〇八年から始まった。李明博政権は当初の設計よりは抑制したものの、実施にあたって大きく変更

4－9　保健福祉支出推移（単位：億ウォン）

	2006	2007	2008	2009	2010	2011	2012
総福祉支出	768,038	884,492	1,017,934	1,225,123	1,233,916	1,313,950	1,445,946
年金を除いた総福祉支出	596,013	694,537	803,649	986,926	974,060	1,032,117	1,133,268
総福祉支出増加率（%）	－	15.2	15.1	20.4	0.7	6.5	10.0
総福祉支出増加率（年金除く、%）	－	16.5	15.7	22.8	−1.3	6.0	9.8
対GDP比総福祉支出（%）	8.4	9.0	9.9	11.5	10.5	10.6	－
対GDP比総福祉支出（年金除く、%）	6.5	7.1	7.8	9.2	8.3	8.3	－

［資料］キムギョソン・キムソンウク（2012）「福祉の量的拡大と体系的縮小－李明博政権の福祉政策に対する評価」『社会福祉政策』39－3

することはしなかった。

その結果、社会保障関連予算は李明博政権になって二倍に増加した。4－9は、政府財政統計と健康保険公団および地方自治体予算決算資料を通じて推計した韓国の社会福祉支出の推移を示している。

総福祉支出は毎年増加し、李明博政権が直接予算編成した二〇〇九年には一二二・五兆ウォン、一二年には一四四・六兆ウォンと大きく増加している。特に〇九年度の福祉支出規模の上昇が顕著だが、これは、リーマン・ショックによる約六兆ウォン規模の「民生安定緊急支援対策」など景気浮揚策関連支出が増加したことと、〇八年九月の大幅減税について富裕層優遇の批判を受けての対策の意味合いがある。

その後も金額ベースでは増加するが、GD

Pに占める福祉支出の割合は、二〇〇九年に一一・五％を記録したのち、一〇年に再び一〇・五％水準に減少する。一一年も類似した水準であり、拡大を続けたわけではない。しかし金融危機の影響が薄らいでも、一度拡大した福祉予算を減らすことはできなかった。

生き残る盧武鉉改革

その理由は大きく二つある。一つは、既存の福祉プログラムを切り込めなかったことであり、もう一つは、新しい社会的リスクへの対応に迫られていたためであった。

既存プログラムへの対応については、李明博政権は、国民年金では老齢基礎年金との統合による給付の実質的削減を構想していた。しかし、結果的には彼の任期中に検討されることはなかった。

医療保険では、医療営利化政策を構想していたが、その柱である、健康保険の保障性縮小や健康保険当然指定制の廃止もロウソク集会の余波で沙汰《さた》やみとなる。二〇〇九年五月に経済危機対応および成長のためのサービス産業先進化政策として、病院の営利的付帯事業範囲拡大、海外患者誘致等制限的な領域で医療営利化政策を実施するにとどまった。

ただし、運用面では支出の抑制を試み、選別主義的方向性を示している。例えば、リーマン・ショックを受けて、二〇〇九年三月に行われた六兆ウォン規模の民生安定緊急支援対策は、低所得層の生計、教育、住居費支援に限定されていた。公的扶助の分野では、緊急福祉

4－10　年度別月平均国民基礎生活保障制度受給者数推移

（単位：万人、％）

年度	2003	2004	2005	2006	2007	2008	2009	2010	2011	2012
受給者数	137	142	151	154	155	153	157	155	147	144
増減率		3.6	6.3	2.0	0.6	−1.3	2.6	−1.3	−5.2	−2.0
平均増減率	盧武鉉政権（3.2）					李明博政権（−1.4）				

［資料］キムギョソン・キムソンウク（2012）「福祉の量的拡大と体系的縮小－李明博政権の福祉政策に対する評価」『社会福祉政策』39－3

支援、基礎医療保障、自活支援事業など制度設計では盧武鉉政権とほとんど変わらなかったが、李明博政権は基礎生活保障受給者数を減少させる。

4－10を見ていただきたい。福祉電算システムを整備して不正受給が減ったという側面はあるものの、所得調査強化を通じて一一・六万人受給者が減少するなど厳しく対応した点が反映していることは間違いない。だが、このような対応も、福祉予算拡大の方向性に大きく影響を与えるものではなく、既存プログラムを大きく刈り込むことはできなかった。

新しい社会的リスクへの対応

新しい社会的リスクへの対応は、主に保育支援政策と積極的労働市場政策に分かれる。保育支援政策について、李明博は選挙公約において、乳幼児の保育と教育に一〇〇％国家が責任を持つといい、国民年金や医療保険などの伝統的社会的リスクへの対応よりも前向きな姿勢を示した。特にその軸となるのは、低所得者への手厚い支援と保育サービスの市場化であった。

彼は保育支援として、支援金額と支援範囲の拡大、保育と教育の複合という新機軸を打ち出した。二〇一〇年から、保育園を利用する二歳児以下の乳幼児については全世帯を対象に、三—四歳児については年間所得下位七〇％以下の世帯を対象に、保育料全額支援を開始した。

さらに、二〇一二年三月から五歳早期教育課程（ヌリ課程）を導入（二〇一三年三月からは満三—五歳に拡大）し、保育料支援対象を所得下位七〇％以下から全所得階層に拡大した。加えて、保育所、幼稚園を利用しない場合にも、最低生計費一二〇％以下のボーダーライン層には、三六ヵ月未満の子どもを対象に養育手当を導入した。この他にも、共働き世帯支援や、脆弱層の外国人結婚者世帯支援も行われた。

しかし、これらの政策は、変化よりも盧武鉉政権からの持続性が目立つ。実際、少子高齢化対策は盧武鉉政権から本格的に始まっている。盧武鉉政権は、二〇〇六年に育児政策五ヵ年計画（セサクプラン）を策定し、〇六年から一〇年まで実施するとしていた。李明博政権はこれを修正し、アイサランプラン（二〇〇九—一二）と名称を変更して実施するが、事実上盧武鉉政権の施策の微修正でしかなかった。

盧武鉉政権の方針を大きく修正する可能性があったのは、保育サービスの市場化を促進する保育バウチャー（クーポン）制度である。盧武鉉政権までの保育支援政策は、従来施設支援（基本補助金）と子ども別支援（児童保育料）に分かれていた。これを保育料に統一し、現金ではなく保育専用のバウチャーとして両親に直接支給しようとしたのである。保育機関に対する直接支援を止めると、保育機関間競争が発生し保育サービスの市場化が実現でき、それを通じて保育サービスの質的向上も可能になると考えたのである。

しかし、この一元化は保育施設が猛烈に抵抗したため実施できず、施設への支援は続けられることになる。保育料支援部分がバウチャーに変わったにとどまった。結局、李明博政権の少子高齢化対策は、盧武鉉政権の政策方針を変更するのではなく、上乗せにとどまったのである。

他方、労働市場政策は、リーマン・ショックに伴う失業者対策という色彩が強かった。労働市場政策の支出は、二〇〇九年には、通貨危機の際に金大中政権のもとで実施された一九九九年の水準に匹敵する規模になった。しかし、失業者に対する現金給付などの従来型の労働市場政策は限定的で、中心は公的事業による雇用創出や就業支援などの積極的労働市場政策であった。労働市場政策に投入された支出のうち、積極的労働市場政策が占める割合は七四・五％である。一九九九年は四一％であったので、李明博政権が推し進めた「仕事を通じた福祉」が金融危機対応では貫徹されていた。

ただし、その内容は一九七〇年代の日本における「失業対策事業」に似て、失業者に臨時の職を与えるにとどまっている。盧武鉉が推進した、失業者の労働市場への復帰のために政府が積極的に支援を行うことと福祉を連携させるという、社会民主主義的な「アクティベーション」としての色合いは失われていった。

労働市場政策は他の社会保障分野のように制度化が進んでいなかったため、李明博色が比較的強く出たといえる。

以上のように、李明博政権の福祉政策は、運用面で政権の看板である能動的福祉の色合いが出るものの、制度改革を行うまでには至らず、基本的には盧武鉉政権の路線を踏襲する。「萎縮した」社会民主主義が自由主義的福祉国家に再編されることはなかったのである。

ストップした米韓FTA交渉

では米韓FTAはどうであったであろうか。

第三章で説明したように、米韓FTAを推進し、交渉妥結まで持ち込んだのは進歩派の盧武鉉政権であった。本来米韓FTAには反対するはずの進歩派政権がそれを進めるという矛盾が、盧武鉉政権と進歩派の間で強い葛藤《かっとう》を生み、協定の国会批准にまで至らなかった。

二〇〇八年、李明博政権の誕生後はどうか。保守派のハンナラ党は元来賛成であるうえ、進歩派の民主党も、盧武鉉政権時代に与党として推進する立場であった手前、反対に回るわけにもいかない。米韓FTAはすんなり批准されるはずだった。

だが、李明博政権のもとで、批准同意案を国会が承認したのは二〇一一年一一月、発効は二〇一二年三月と、政権末期になってからであった。

FTA締結に関して最終関門となっていたのは、アメリカ産牛肉輸入問題であった。先述したように、李明博は、大統領就任後、牛肉交渉を一挙に妥結させ、四月一八日の初訪米で首脳間の合意にまで持ち込んだ。韓国内での批准同意を確保すべく、任期切れの迫った第一七代国会に批准同意案を提出した。しかし、前後して発生したアメリカ産牛肉輸入反対を唱えるロウソク集会を受けて、国会は牛肉輸入問題で終始し、採決されず終わる。

ロウソク集会で盛り上がった進歩派の気勢は、新しく選出された国会議員にも伝播《でんぱ》した。野党民主党に、選挙で敗北した負い目はもはやなかった。国会は与党ハンナラ党が過半数を占めてはいたが、進歩派団体の場外での支援を受けた野党議員の物理的抵抗もあって法案審議がほとんど進まず、内閣提出法案も一割程度しか可決されなくなってしまった。

この状況下で批准同意案が円滑に可決されるはずもなかったが、世界金融危機の影響を回避するためには米韓FTAは危機対策として必要だという認識が強まり、一〇月に批准同意案が国会に提出された。しかしやはり国会内外の進歩派の抵抗で手続きは難航する。二〇〇九年四月になって常任委員会である外交通商統一委員会でようやく可決されたのである。

アメリカの環境変化

しかし、これ以降の手続きは、アメリカの事情でストップしてしまった。

アメリカでは二〇〇八年一一月に大統領選挙と連邦議会選挙が行われた。大統領には民主党のオバマが選出され、上下両院とも民主党が勝利し過半数を押さえる。民主党は有力な支持基盤に全米自動車労組がある。民主党は、韓国車のさらなるアメリカ進出は米自動車産業にとって脅威と認識しており、米韓FTAには慎重であった。加えてリーマン・ショックで米自動車産業は存亡の危機を迎えていたため、米韓FTA批准に関する手続きをまったく動かせなくなった。

韓国内では、本会議への上程が延び延びになっていく。アメリカより先に批准しても、アメリカが再交渉を持ちかける可能性が高いので、様子見をすべきであるという慎重論が与党内でも起こっていた。

だが、二〇一〇年になるとアメリカは一転して積極的になる。第一に、李明博大統領とオバマ大統領の間での協力関係が進展した。リーマン・ショックへの共同歩調に加え、北朝鮮の核問題でも両者は協調関係を進展させた。第二に、中間選挙で米韓FTA推進派の共和党が躍進した。共和党が下院を掌握し、批准の展望が開けたのだ。第三に、韓国とEUとのFTA発効の影響である。これは、韓国国内でアメリカよりもEUのほうが輸出競争に有利になることを意味しており、対応が急がれたのである。

ただし二〇〇七年の協定案のままでは、とりわけアメリカ側に自動車問題で不満があった。そのため、一〇月、一一月に追加交渉が行われ、一一年二月に合意文書が署名・交換される。追加交渉合意後、アメリカ国内では貿易自由化によって被害を受ける人々への再教育と財政支援を行うための調整プログラム（TAA）に関する話し合いが民主党と共和党の間で行われた。こうして、二〇一一年一〇月には李明博大統領を国賓として歓迎し、前後して一挙に批准同意案が連邦議会を通過したのであった。

進歩派の抵抗

他方、韓国国内では逆に進歩派の反対運動が勢いを増しており、進歩派対保守派の対立構図が鮮明になっていった。ただし、その争点は米韓FTA自体への賛否ではなく、韓国から再交渉を持ちかけるべきかどうかという点にあった。

アメリカとの追加交渉結果が、アメリカでの自動車関税の撤廃猶予期間を引き延ばすなど、韓国がアメリカに譲歩した面が大きかったからである。また、投資家によるISD条項（国家訴訟制度）など主権の毀損《きそん》に見える条項が問題視され、進歩派は再々交渉を主張したのであった。

進歩派は、特に国家主権と関係する事項に反発し、これらを「毒素条項」と呼んで強く批判した。例えば、ISD条項は、韓国に投資したアメリカ企業が、韓国の政策によって損害を被った場合、世界銀行下の国際投資紛争仲裁センターに提訴でき、韓国で裁判は行わないとする。また、ラチェット条項は、一度規制を緩和すると元に戻せないとしており、BSEがアメリカで再発しても牛肉輸入を中断できないと解釈された。

これら毒素条項に関する解釈の大半には誤解ないしは曲解があり、進歩派が懸念するほどのことはない。しかし、韓国が独自の政策をとることをアメリカによって制限されるという意味で、米韓FTAは事実上の主権侵害で、不平等条約との理解が広まっていったのである。

進歩派の抗議や言動を受けて、世論も慎重論に傾いていく。東アジア研究院の調査によると、二〇一一年二月の時点で米韓FTAへの賛成意見は六五・八％であったのに対し、五月には五七・八％に減少、反対意見は逆に二七・九％から三二・七％に増加していた。再々交渉の是非については、五月の時点で半数に近い四六・三％が支持しており、八月に開かれる臨時国会で批准すべきとの意見は二五・八％にとどまっていた。進歩派の攻勢にはかなりの効果があったのである。

二〇一一年一一月二二日、米韓FTA批准同意案は、ほぼ与党しか表決に参加せず、しかも強硬派の民主労働党議員が催涙弾を持ち込むという異常な状態で強行採決され、国会を通過した。投票に参加した議員数は、国会議員二九九名中一七〇名に過ぎず、与党ハンナラ党議員のなかからも棄権が一二名、反対票が七票投じられた。

二〇一二年三月に米韓FTAは発効したが、批准同意案の通過は実のところきわめて危うかった。そこには再燃した進歩派対保守派のイデオロギー対立があったのである。

政策停滞ゆえの良好なパフォーマンス？

一〇年ぶりに保守派が返り咲いた李明博政権は、進歩派政権の政策路線を大きく転換することを狙っていた。盧武鉉政権の不評は、大統領選挙で彼を圧勝させ、続いて行われた国会議員総選挙でも大統領与党のハンナラ党を勝利させた。しかし、彼が行おうとした改革は、この章で触れてきたように実行できず、進歩派政権が敷いた路線を実質的に継承することになった。

李明博政権のもとで新自由主義的改革が進み、格差が拡大したというのは誤りである。たしかに、序章で示したように、韓国は現在、貧困層に属する人々が多く、困窮した高齢者、若年層の就職難、ワーキングプア問題を抱えている。しかしこれらの問題は李明博政権時代に始まったことではない。リーマン・ショックにもかかわらず不平等や貧困の度合いは相対的に軽減されてすらいる。

李明博が進めようとした改革がなされれば、このような改善がもっと力強いものになったのか、逆に格差を一層拡大させたのかはわからない。しかし実質的に盧武鉉政権までの路線を引き継ぎ、社会保障制度に手をつけなかったがゆえに、社会保障費は自然増を見せ、格差の拡大を一時的にだとしても防ぐことになったのである。李明博政権が幕を閉じる二〇一二年の大統領選挙で、彼は格差問題に関連づけられて候補者などから強く批判された。しかし、政策パフォーマンスは、実際はそれほど悪くはなかったというべきである。

路線転換に失敗したのは、強いリーダーシップの発揮を可能にする条件を李明博が満たせなかったことによる。彼は大衆からも政治家からも人気のある大統領ではなかった。人気のなさは、彼の個性や、政権運営上の判断ミス、党内有力者である朴槿恵との関係構築失敗などからきたといえる。

しかし根本的には、金大中、盧武鉉を苦しめたのと同様に、韓国政治の構図が政策転換を行わせなかったといえる。金大中と盧武鉉が進めようとした社会保障改革が、保守派の反対で実現できなかったように、李明博は、進歩派の反対で挫折《ざせつ》を余儀なくされたのである。大統領選挙と国会議員総選挙で敗北したものの進歩派は衰えてはいなかった。進歩派のデモが、李明博への大衆的支持を損なわせた。反主流派の朴槿恵派は協力を手控えた。それは、李明博への協力が有権者の政治的支持につながらないと判断したからである。進歩派対保守派というイデオロギー対立の深刻さが、李明博のリーダーシップを弱め、彼の志向した改革を頓挫《とんざ》させたのである。

第五章　朴槿恵政権の憂鬱

一九九〇年代より、韓国は日本と同様に、将来の少子高齢化を予期し、社会保障を充実させる必要性に気づいていた。一九九七年の通貨危機を境に、国民が基本的な最低限の生活を送ることを権利として認め、社会保障制度を整え、福祉国家化していく。しかし、社会保障は低レベルのままであった。そのこともあって、経済格差問題が顕在化し、とりわけ若年層の就職難と高齢者の貧困が問題になってきている。なぜ韓国はこの問題を解決できないのだろうか。

加えて、一九九八年から一〇年間進歩派の政権が続いたにもかかわらず、社会保障が充実させられることはなく、逆に新自由主義的な改革が推し進められた。それはなぜなのだろうか。

韓国の政治経済社会についてよく尋ねられるこの二つの問いに対し、本書はこれまで政権ごとに検討を行ってきた。本章では二つの問いへの答えを整理し、二〇一三年から始まった朴槿恵政権の方向性、取り組みについて触れていく。

1　社会保障と通商政策をめぐる政治

一九九七年の通貨危機後の一五年間に、社会保障分野で何が起こってきたのかを確認しておこう。

福祉国家の三類型

歴代韓国政権は、経済格差の拡大や貧困問題に目をつぶっていたわけではなく、社会保障制度改革を行ってきた。金大中政権以前、社会保障制度の枠外に置かれ、病気や失業で貧困に陥っても国家によって救済されない人々はたくさんいたが、現在社会保障は国民の権利として認められ、制度上はすべての国民をカバーするようになった。国民皆年金、皆保険が実現したのである。

従来は職種や職域ごとに異なっていた保障内容が、全国民で同一になる制度統合も金大中政権下でなされ、職業や社会階層の違いが社会保障の中身に違いを生み出すということも制度的には解消された。比較政治学の用語で、社会階層の違いによって受給内容が異なる制度のことを、階層性が高い制度というが、その点で韓国は階層性を低める改革を行っている。

また、以前は年少者、高齢者であるがゆえに、働けないことで貧困に陥る人々のみの救済を目的とした生活保護制度が一九九九年に廃止された。かわって設けられたのが、肉体的理

5-1　福祉国家の３類型

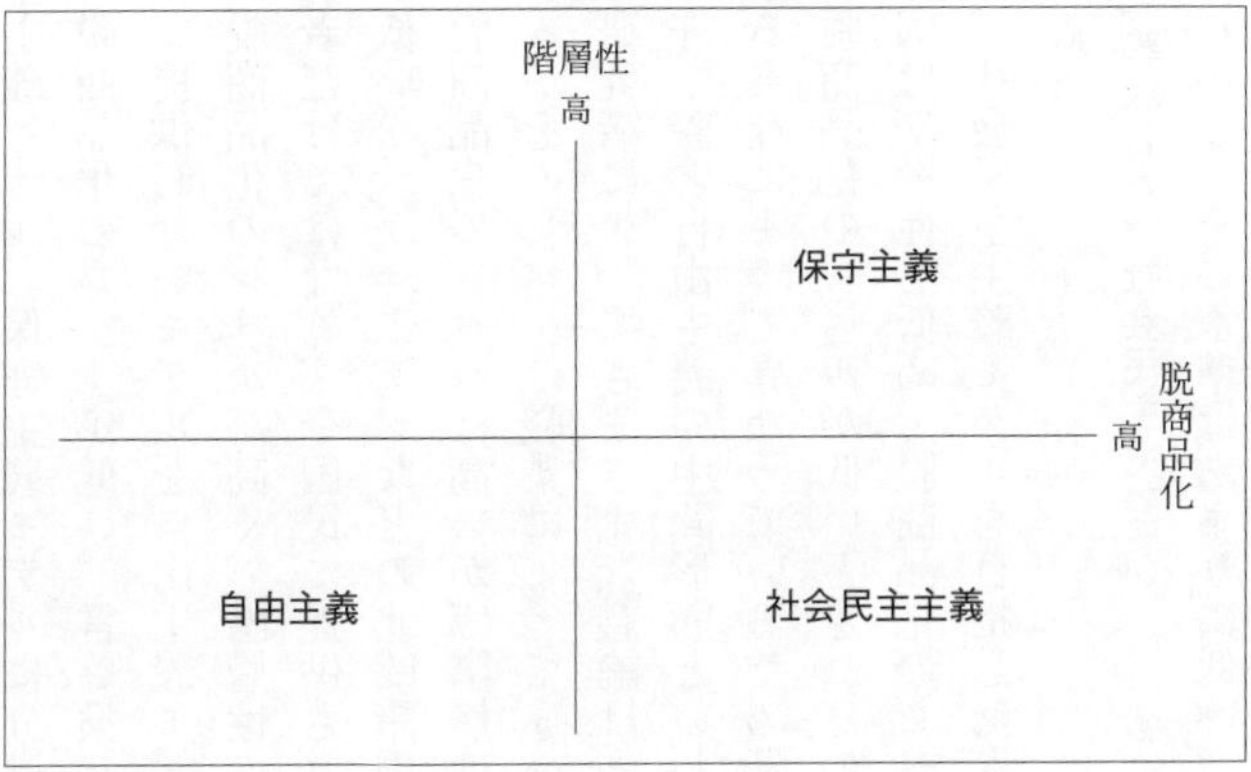

注）筆者作成

由以外の何らかの理由で働けない人々に対しても、国家が責任を持って基礎的な生活を保障する、国民基礎生活保障制度である。これによって社会保障のあり方が普遍主義的なものに変更された。人間が労働力を持った商品であるという運命から離れても生きていける、「脱商品化」の道が示されたのである。

韓国が歩んできた社会保障制度は、年金や医療保険のあり方が職業、地域によって異なり、階層性が高い日本と違い、社会民主主義的な方向性を持つものであった。

比較福祉国家論の基礎を築いた、デンマーク出身の政治学者エスピン＝アンデルセンによると、欧米先進国の福祉国家は二つの基準によって大きく三つの類型に分けられる。基準の一つは「脱商品化」で、もう一つは「階層性」である。この基準によって、福祉国家は自由主義モデル、社会民主主義モデル、保守主義モデルに分けられる（5-1）。

脱商品化のレベルが低い、言い換えれば、人々が貧困に陥るのを防ぐ程度にしか国家が福祉を提供しないモデルを自由主義モデルという。代表例がアメリカとイギリスである。

脱商品化のレベルが高く、階層性の低いものは社会民主主義モデルである。福祉は生活困窮者だけではなく、全国民に提供されるうえ、職業によって負担と給付に差が生じる度合いが低い。スウェーデンなどの北欧諸国が典型である。

脱商品化のレベルは高いが、階層性が高いのが保守主義モデルで、福祉は全国民に提供されるがそのレベルは職業によって違いがある。その代表がドイツ、フランスである。

研究者によってさまざまな議論はあるが、日本と韓国をこのなかに位置づけるとすると、保守主義と自由主義の中間形態といわれることが多い。つまり、社会保険制度は職業や所属する会社によって異なっているため階層性が高く、公的扶助の領域で救貧法的性格が強いため脱商品化のレベルが低いとされるのである。しかし、金大中政権以降の社会保障改革で、韓国は階層性を低め、脱商品化のレベルを上げるよう、制度を変化させてきた。その方向性は、社会民主主義モデルを目指したものであったといっていい。

「萎縮した」社会民主主義

しかし、その水準はあまりに低い。

国民医療保険はあっても、医療サービスに関する本人負担額は五割近い。

国民年金は四〇年間の満期を払い終わっても、受け取る年金額は、平均して現役時代の四〇%にしかならない。国民年金については、制度発足が一九八八年と遅れたため、多くの高齢者はそもそも加入できなかったが、その代償として給付される老齢基礎年金は、現役世代の平均所得の五%ときわめて低く、とても生活を維持できる金額ではない。

本書では、このように、制度としては社会民主主義的なのに、給付水準があまりに低い状況を、「萎縮した」社会民主主義と表現した。この状況は、少しずつ改善されているが、迫り来る少子高齢化のスピードにまったく追いつかず、今後急増する高齢者層の生活を守るには大変厳しい状況である。

他方、社会保障のレベルが低いからといって、自由主義的な改革もなされていない。一九九八年に世界銀行が韓国に勧めたように、現在、開発途上国や新興国では、社会保障制度構築にあたって推奨されるのはイギリスなどの自由主義モデルである。

例えば年金では、最低限の生活維持のため基礎的年金は税金などで政府が給付するが、それ以上は、民間の保険や、職域・職種で独自に組織を作るなど自己責任での給付を求める、二階建ての仕組みが取られ、国家の責任範囲は縮小している。

医療保険についても同様に、基礎的な医療サービスは国家の責任の下で、低額でサービスを提供するが、高度な医療は私的保険への加入などの利用を求めている。

こうした改革は、金大中政権の一時期検討され、李明博政権の初期に推進されようとした。しかし、実現することはなく、制度改革は起こらなかった。

なぜ韓国では、「萎縮した」社会民主主義が続くのであろうか。それは本書で繰り返し述べてきたように、進歩派と保守派の深刻な対立に起因する。

進歩派は、福祉の拡大による生活の質向上を主張する。権威主義時代が長く続いた韓国では福祉が充実しておらず、社会的不平等が深刻で多くの貧困層を生み出した。彼らへの所得保障を行うことが、まず取り組むべき課題であると主張する。

他方保守派は、福祉の拡大は経済活動の負担になると主張する。世界大での競争が起こっている今日、企業活動にかかわる負担をできるだけ軽減することが重要である。ビジネスに適した地に韓国を変えることで外国企業の投資も増え、ひいては雇用の拡大につながるとし、福祉の拡大に反対する。

それゆえ、進歩派は「萎縮した」状態を解消しようとし、保守派は「社会民主主義」ではなく自由主義に変えようとする。しかし、両派の思惑は他方の牽制《けんせい》によって実現されず、結果として「萎縮した」社会民主主義が均衡状態になっているのである。

進歩派政権による新自由主義?

一方で経済政策については新自由主義的な改革が金大中政権で一気に行われて以降、方向性に変更はない。

もっとも象徴的なのはFTA戦略の継続拡大である。FTAを通じた貿易自由化は、韓国が比較的強い産業を強化し、弱い産業を衰退させる効果がある。それゆえ、FTAは市場の力を借りた経済改革を推し進め、韓国経済の体質を強化してきた。だがそれは、同時に弱い産業に従事する人々の生活圧迫につながる。

一般的に進歩派とは、社会内での平等を重視し、弱者を擁護する立場であるとされる。しかし韓国では、進歩派政権が改革を行い、FTAの端緒を開いた。このことは金大中政権、盧武鉉政権を支持した人々からも理解されず、二人は自らの支持者から、変節者、裏切り者との批判を浴びつつ大統領任期を終えることになった。

なぜ進歩派政権が新自由主義的な経済改革を行ったのだろうか。

実は、彼らが目指していた未来像は、従来の弱者保護に重点を置いた進歩派の思いとはギャップがあった。二人の大統領が目指したものは、人々が働けるように福祉を通じて国家が支援する、ギデンズのいう「第三の道」的に再解釈された「北欧型の社会民主主義」であった。

彼らの考えはこうである。経済の流れが激しい今日、弱い産業を保護することでは、輸出依存度が高い韓国が経済的繁栄を築くことは難しい。オープンな世界経済のなかで、韓国が強い分野の産業を育成し、弱い分野の産業から労働者を再訓練して移動させることこそが、韓国を繁栄させる道である。そのために、生活水準の低下に甘んじるしかない人々の「再商品化」を試みる。国家が積極的に社会保障政策を展開することと、経済の自由化は、矛盾ではなく相互補完的であるというものであった。

進歩派の人々と、二人の大統領との違いは、福祉政策と通商政策をはじめとする経済改革をパッケージで捉えることができたか否かである。これは、進歩派の人々ばかりではなく、保守派の人々との違いでもある。

実は、保守派にとっても、社会保障の充実は決してマイナスの話ではない。韓国人労働者の労働生産性を高めることは、彼らにとっても利益になる。しかし、既存の進歩派も、保守派も、二つの政策分野をパッケージで理解する発想を持たなかった。それゆえ、進歩派は金大中・盧武鉉政権を新自由主義と批判し、保守派は左派政権と批判したのである。

金大中がどこまで意識していたかはわからない。だが、彼が政権初期に行おうとした、労使政委員会は、進歩派と保守派が社会保障政策と経済政策をパッケージで考える絶好の機会であった。しかしそれはあまりに早く決裂した。その後、今日に至るまで両派の和解は見えない。

イデオロギー政治の不自然さ

本書では、韓国の福祉政策と通商政策に焦点を当てて議論してきたが、この二つの分野は、通例一緒に論じられることはない。だが、この二つの分野は進歩派対保守派のイデオロギー対立という共通の要因で規定されている。また、両分野をつなげて理解することこそが、歴代政権の政策をよりよく理解するうえで重要なのである。

そして、さらに考えなければならないことが二つある。一つは、韓国で社会保障政策が、保守主義的福祉国家モデルから金大中・盧武鉉政権を通して社会民主主義な方向へと制度改革が可能になった理由である。

福祉国家のあり方は、強い経路依存性があることが広く知られている。すなわち、一度ある制度ができてしまうと、別の思想に基づく制度に転換することがきわめて難しい。例えば、保守主義モデルの国は、容易に保守主義以外の何かに制度改革を行うことが、通常難しい。

保守主義モデルの制度の大きな特徴は、職種間、職域間で負担のあり方や給付が異なるという、高い階層性である。こういう制度のもとでは、制度そのものが既得権益を生み出し、別の制度に変化することを妨げるのである。

一例として医療保険を考えてみよう。Aという医療保険とBという医療保険があって、Aは職業上、ストレスが高い仕事に就くことの多い職種の人々が加入し、Bはそうではないとしよう。Aに加入している人々は、Bに加入している人々よりも病気になる可能性は高いので、保険財政を健全に保つためには、高負担、低給付でなければならないが、Bはそうではないので逆になる。両者を統合するという方針が出た場合、AとBそれぞれに所属する人々はどのように考えるだろうか。

Aに属する人々はBが負担を分担してくれるので歓迎するだろうが、Bはその逆なので反対するだろう。両者が賛成しないと統合できないのであれば、この統合は実現できない。保守主義モデルの福祉国家が他のモデルに移行する制度改革が困難なのは、このように制度が人々の間に利害対立をもたらすからである。

韓国は以前は保守主義モデルであった。それゆえ、階層性を低めて社会民主主義モデルに移行する改革は、困難だったはずである。なぜそれが可能であったのだろうか。

もう一つは、貿易自由化をめぐる対立軸がなぜ利益ではなくイデオロギーなのかである。日本でも、古くはアメリカとの貿易摩擦、最近ではTPP交渉と、貿易自由化交渉が行われるたびに国内に深刻な対立を引き起こしている。しかし、そこで活躍しているのは農協や日本経団連であって、進歩か保守かというイデオロギーで対立しているわけではない。なぜ韓国ではイデオロギーなのであろうか。

2　流動的な労働市場

労働市場と福祉政治

韓国はなぜ社会保障制度を保守主義的なものから社会民主主義的なものへと変えることが

できたのだろうか。その答えを、強い経路依存性が働く理由から説き起こしてみたい。

保守主義モデルの国で高い階層性を有する制度を変えることができないのは、制度が既得権益を生み出すからである。ただしこの制度は、職種間、職域間で人々が移動する可能性が低いことが前提となっている。

日本を例として考えてみよう。日本は、二一世紀に入るまで、終身雇用制を雇用形態の特徴とした社会であった。中学・高校あるいは大学を卒業後就職した会社を変わることなく、定年まで人々が勤めることが前提となっていた。こういう社会では、保守主義モデルは適している。定年まで同じ会社に勤める人々にとって、保険の制度が職種間で異なっていたとしても、会社を変えない以上さしたる意味はない。それだけでなく、保守主義モデルは労働者に対し同じ会社に勤め続けるインセンティブを与える。長く勤めれば勤めるほど、その人は経験を積み技術を蓄積し、より高い報酬を得られることにつながるだけでなく、老後受け取る年金額も多くなる。企業もまた雇用をコストというよりも投資と考えるようになる。保守主義モデルの制度と、終身雇用制という就業慣行は相互に補完的であり、お互いに強化しあえるものと見ることができる。

しかし、職種間の労働の流動性が高い場合、保守主義モデルは労働者に不利益を与える可能性が高い。むしろ、職業が変わっても、保険の内容、掛け金などに変化がないほうが好ましく、社会民主主義モデル、あるいは自由主義モデルのように、階層性が低いほうが適して

5-2　主要国における平均勤続年数（2010年）

国	勤続年数		
	男 （年）	女 （年）	格差 （男＝100）
日本	13.3	8.9	66.9
アメリカ	4.6	4.2	91.3
イギリス	9.0	8.4	92.6
ドイツ	11.9	10.5	88.1
フランス	11.8	11.6	98.8
スウェーデン	10.2	11.0	107.5
韓国	7.0	4.4	62.9

［資料］労働政策研究・研修機構編（2012）『データブック2012国際労働比較』

いる。つまり、社会保障制度のあり方の良し悪しは、その国の就業慣行との適合性による。そうであれば、韓国が社会保障制度を社会民主主義モデルに変えることができた理由の一つは、就業慣行が日本と異なり、労働市場が流動的であったからと考えられる。

実際、韓国では労働者が職を変えることは、そう不思議な現象ではなかった。日本のような終身雇用制が成立していたわけでもないのである。

5-2は、先進国における労働者の平均勤続年数を示している。韓国では平均勤続年数は短く、男女とも日本の半分程度の期間に過ぎず、これに比肩できるのは自由主義モデルの代表であるアメリカぐらいである。ただし、この数字は社会民主主義的な制度への変更が行われて一〇年近く経《た》ってからのものであり、それ以前は異なる可能性もある。

そこで、5-3は、制度改革直後の二〇〇一年、5-4ではさらに一〇年前の保守主義モデルの制度下にあったときの勤続年数を示した。5-3にある男1と女は農業を除

5-3　韓国とアメリカの勤続関連指標

		平均勤続年数	1年未満勤続者比率	3年未満勤続者比率	12年以上勤続者比率
韓国	男1	5.15	34.1	54.7	12.5
	男2	6.40	28.4	45.7	16.3
	女	2.37	46.6	73.0	3.0
アメリカ	男1	7.16	21.7	38.8	18.5
	男2	9.14	13.8	27.0	25.2
	女	6.08	24.5	42.9	14.0

［資料］ジョンイファン（2006）『現代労働市場の政治社会学』フマニタス

く産業の全年齢労働者を対象としたもので、男2は、男性三〇歳以上を対象としたものである。いずれも、二〇〇〇年に調査の行われたアメリカと比べている。先に触れたように、アメリカは先進国のなかでもっとも労働者の移動が激しい国であるが、二〇〇一年の段階で、そのアメリカ以上に労働者の移動が激しく、勤続年数が短かったことが見て取れる。

5-4は、製造業従事者に限定してなされた調査をまとめたものであるが、保守主義モデルの時期であるにもかかわらず、勤続期間はさらに短く、三年ほどである。服部民夫ら社会学者が以前から指摘するように、韓国は転職が多い国であった。この傾向は韓国経済が先進国化するにつれ徐々に弱まっているが、依然今日でも強い。

その原因は、民主化以前は労働条件の悪さや、労働に対して韓国人が伝統的に持つ嫌悪感という文化的理由に求められたが、現在は異なるようである。転職が多い職種は、サービス業、販売業、単純労務作業などで、年齢的には若年層に強くその傾向が出る。グローバル化した他の先進国と類似してきているといえるが、全

5-4　製造業の月平均離職率と勤続期間推移

年	離職率（%）	勤続期間（年）
1970	6.00	–
1975	4.40	2.1
1980	5.60	2.5
1985	4.50	3.0
1986	4.20	3.3
1987	4.30	3.2
1988	4.50	3.2
1989	3.82	3.4
1990	3.78	3.5
1991	3.88	–

［資料］労働部「毎月労働統計調査」1991.12；「職種別賃金実態調査」各年度。ただし、魚秀鳳『韓国の労働移動』（韓国労働研究院、1992年）、74頁を再引用

体としてそれでも勤続期間が短いので、他に重要な理由があるのであろう。

このような就業慣行では、保守主義モデルの社会保障制度は、労働者にとって利益にならない。それゆえ、社会民主主義モデルへの制度変化は容易であったのである。

生産要素の流動性

この労働市場の流動性の高さが、政府が通商政策を推進する際、利益団体が政治的な力をあまり持たないことにつながっている。

韓国の利益団体はなぜ貿易自由化にあまり反対しないのであろうか。この問題を、そもそも貿易自由化に人々はなぜ反対するのか、という観点から捉え直してみよう。

経済学の常識的見解に従えば、貿易・投資の自由化は一般的にどの国においても、その国全体として見れ

ば生産性を高め、人々の生活を豊かにするはずである。イギリスの経済学者デヴィッド・リカードの比較優位論（比較生産費説）について、中学・高校で勉強したことがある人もいるであろう。貿易自由化によって、その国が得意とする商品生産に生産力を集中させれば、すべての国が豊かになるとする理論である。

リカードが例として述べた、ワインと布の交換で説明してみよう。今、A国とB国があり、両国ともワインと布を生産している。A国の国内で見ると、ワインのほうに生産力がある。他方、B国は布のほうに生産力がある。両国が貿易を自由化し、A国がワインに、B国が布に生産を特化すれば、両国ともに人々の生活は豊かになる。それゆえに貿易自由化を行ったほうがいいということになる。

ただし、この説明には、重要な前提が二つある。一つは、A国でそれまで布を生産していた人々がワインを作るようになり、他方B国ではワインを生産していた人々が布を作るようになる、ということである。資本家や労働者が、自分たちの作っていた商品生産を放棄し、別の、比較優位のある商品生産に転向することが容易でないと、この議論は成り立たない。ワイン生産には高度な技術が必要で布を作っていた労働者がそれを容易に習得できないのであれば、布を生産していた労働者は貿易自由化によって職を失うだけである。そうであれば、A国で布を生産する労働者は、貿易自由化に強く反対するであろう。この点は、資本家も同じである。一般的に、商品を生産するには、資本、土地、労働力といった生産要素が必要である。その流動性が高いことが、この議論の前提となっている。

土地、資本、労働

もう一つは、商品生産に必要な生産要素を誰が持っているか、については問わない、ということである。現実には、資本は資本家が持ち、労働力は労働者が提供しており、土地所有も特定の人々に偏在している。どういう生産要素を提供できるかが、同じ商品を作っていたにしても、貿易自由化に関する個々人の利害を変えてしまう。

リカードの例で説明してみよう。A国では国全体として見ればワインに生産特化したほうがよい。しかし、ワインの生産に携わる人々の間で利害は異なりうる。ワインの生産には広大な農地が必要であるが、他方、労働力は布の生産ほど必要ではない。貿易自由化によってA国が布の生産を止めてしまった場合、布生産に携わっていた労働者たちはワイン生産に労働力を提供するであろう。

しかし、ワイン生産にそれほど労働力を必要としないのであれば、労働力の価格、すなわち賃金は、すでにワイン生産に携わっている労働者の分も含めて低下する。貿易自由化は、A国の労働者全体の利害に反するのである。労働者はそれゆえ自由化に反対するであろう。比較優位論は、国全体として見れば豊かになるとしても、個々の国民が持つ生産要素によって利害が異なることを、とりあえず考慮から外しておくのが前提となっているのである。

生産要素の保持者の問題は、今日の貿易自由化に関する議論のなかで、実はかなり重要な論点である。農産物で考えてみると、アメリカやオーストラリア、ニュージーランドが農産物市場の自由化を主張する大きな背景は、これらの国が広大な農地を抱えているからで、日本が自由化に抵抗するのは農地が狭いからである。言い換えれば、農地という生産要素が豊かな国ほど安く農産物を作れるので自由化を主張するが、逆の場合抵抗する。

同様のことは工業製品にもいえる。繊維産業などの労働集約型産業では、労働者が余っていて賃金が安い国で競争力がある。逆に、先進国のように労働力が相対的に少なく賃金が高い国ではそうでない。開発途上国の安い商品の流入が先進国の労働者の職を奪うことがしばしば問題になるが、それは以上の理論で説明することができる。

労働市場と通商政策

この議論を、貿易自由化をめぐる利益集団の活動に結びつけよう。日本では、農協などの利益集団が貿易自由化に抵抗する活動をしている。私たちはこれを一般的な姿と見がちであるが、どこの国でも同様の活動が生まれるわけではない。利益集団が強く抵抗するのは、資本家が、比較優位にある産業に資金の投下先を変えたり、労働者が別の仕事に転職するなどの、生産要素の流動性が低い場合に生まれやすい。

農業や製造業などの、産業セクター間での移動が難しい場合、貿易自由化は、国際競争に対して脆弱な産業セクターの従事者にとって多大な損害を与える。それゆえ、彼らは利益集団を作って自由化を阻止しなければならなくなる。

しかし、生産要素の流動性が高い場合、資本家も労働者も産業セクターの垣根を越えて比較劣位の産業から優位の産業に資本の投下先、就職先を変えればよい。もちろん、この場合も、生産要素の保持者間で利害が異なりうるが、セクター間の対立という構図はかなり緩むことになる。

日本が産業セクター間の移動が難しく、利益集団の抵抗が盛んであるとすれば、韓国は逆である。それゆえに、貿易自由化にあたって利益集団の抵抗が弱いのである。

先に触れたように、韓国は労働者の転職が多く、労働という生産要素の流動性が高い国である。また、財閥中心の資本の側も複数の業界に系列企業を持つ。日本なら、トヨタは自動車産業、パナソニックは家電産業と、大企業は特定業種に事業展開しているが、韓国はそうではなく、系列企業間に産業連関はなく、いわばタコ足配線のように展開していた。

これは、経営の効率性を考えない行動ともいえるが、グローバル化が進み、技術革新の流れが速い今日では、特定産業が衰退することで生じる被害を避け、ある産業分野が儲《もう》からないとなれば、速やかに撤退し経営資源をより有利な産業分野に集中するという、企業経営上の柔軟さをもたらす。ミシンがダメならICチップへ、それもダメなら液晶テレビへ、スマートフォンへという展開が容易なのである。

このように生産要素の移動可能性が高ければ、労働者も資本も比較優位産業に移ることで問題を解決しやすくなる。また、貿易自由化をめぐる対立の構図は、産業セクター単位では生じにくいはずである。韓国では、農協や経団連が活発に動き回るような利益団体政治が、貿易自由化に関しては生まれにくい。ある産業が貿易自由化で苦境となれば、他の産業に移動する。政府から転業補償をしてもらう程度の援助を引き出しさえすればよく、死活問題とはならないのである。

APEC・EVSL交渉

このことは、筆者が以前に行った貿易自由化交渉の調査でも見てとれた。

FTA交渉が盛んになる以前、韓国は金大中政権下で貿易自由化交渉に乗り出したことがある。APEC（アジア太平洋経済協力）におけるEVSL（早期貿易自由化交渉）である。

一九九四年に、インドネシアのボゴールで開かれたAPEC首脳会議で、APEC加盟国は域内での貿易自由化を、先進国は二〇一〇年までに、開発途上国は二〇二〇年までに達成するとする「ボゴール宣言」が発表された。しかしそれでは自由化は先のことである。そのため、宣言内容を前倒しする形で自由化を推進しようとする試みがなされた。それが分野を絞っての域内自由化推進を行うEVSLである。

交渉には日本も韓国も加わり、交渉分野には水産物・林産物が含まれていた。日本は慎重な姿勢に徹し、結果としてそのことがEVSLを挫折させてしまう。他方、韓国は、水産物・林産物も含めて自由化するという、貿易自由化推進派のアメリカ通商代表をも驚かせる提案をしたのである。

当時、水産物・林産物は、農業と同様、韓国にとって政治的に敏感な分野であるといわれていた。両分野で生産される商品が、他国に比べ安くなるはずがなかったからである。とりわけ水産物は従事者も少なくない。水産分野を担当する海洋水産部は、外交当局である外交通商部に強く反対表明していた。しかし海洋水産部の主張は押し切られた。その理由は簡単であった。海洋水産部は反対しているが、当事者の漁民は反対の声を上げていなかったからである。

無関心な漁民たち

実は、海洋水産部は漁民たちに声を上げさせようともしていた。同部は関連の強いシンクタンクである韓国海洋水産開発院に依頼して、自由化により韓国の水産業にどの程度の被害が生じるのか、それは特にどの分野で、自由化留保品目に何を選定するのが適当かを調査させた。その際に、大きな被害が予想される順位をつけるように、日本の漁協に相当する水産業協同組合（水協）の中央会に依頼していたのであった。

しかしこのとき漁民たちは関心を示さなかった。水協は、特に意見を表明しなかったのである。利益団体が無関心でほとんど動かず、利益団体の直接的な申請がない以上、国内調整を担当する外交通商部も海洋水産部の意向はあまり受け入れず、自由化を決定していた。

利益集団の動きが活発な日本では考えられないこの静けさは、労働力の流動性を念頭に置けばそう不思議とはいえない。漁をやめて別の産業で働くことはそう困難ではない。それゆえ、水産業に関する利益集団である水協に訴える漁民も少なければ、水協自身も保護を求めて活発に活動するというわけではなかったと考えられる。

福祉政治と貿易自由化をめぐる政治は、これまで同じ土俵で議論されることがなかった。しかし、労働力の流動性に注目すれば、両者は密接に関連しあっている。日本と韓国の違いも、この点から説明可能である。

本書の冒頭にも述べたように、日本と韓国は産業構造がよく似ている。にもかかわらず韓国がＦＴＡ戦略を拡大していったのに対し、日本が立ち後れた理由は、日本と韓国では労働市場の構造がまったく異なることに求められる。日本は労働力の流動性が低く、韓国は逆である。それゆえ日本では脆弱産業の存廃が従事者にとって死活問題になるが、韓国はそうならない。社会保障制度で、日本が保守主義モデルを維持し、韓国が社会民主主義モデルに転換できたのも同じ理由である。

福祉政治のみならず、通商政策をめぐる政治もイデオロギー政治となったのには、このような生産要素の移動可能性の高さ、とりわけ労働の流動性が大きく関係しているであろう。

ただし、韓国が変わっていたのは、イデオロギー政治の焦点が、主権に関する議論であったことにある。選挙の争点が、アメリカと北朝鮮に対する姿勢という、進歩派と保守派の対立軸となってきたことが影響しているのだ。

3 朴槿恵政権の課題

社会保障の争点化

序章の冒頭に戻ろう。二〇一二年一二月に行われた大統領選挙の争点は、これまでの大統領選挙とまったく異なっていた。安全保障ではなく、社会保障であった。

そして、選挙における実際の論争は、「経済民主化」をめぐる形で行われた。経済民主化という言葉は多義的かつ曖昧であるが、意識されたのは、貧富の格差の拡大と、一度貧困層に陥った人々がそこから抜け出しにくい、再チャレンジの困難さであり、具体的には勝者としての財閥の経済支配と福祉問題であった。

過去の大統領選挙でも、格差の問題は重要な争点であった。二〇〇二年、盧武鉉大統領が選出される選挙では、地域格差の問題が「主流派勢力の交代」と表現されていた。二〇〇七年の大統領選挙でも、経済格差をどう克服するかが重要で、勝利した保守派の李明博は、経済成長によってパイを大きくすることで解決できるとし、敗北した鄭東泳は社会の豊かな二〇%から貧しい八〇%への所得移転を重視すると表明していた。

ただし、これらの選挙では、北朝鮮問題が常に背後にあった。例えば盧武鉉は、対立候補李会昌が北朝鮮への対峙姿勢を強調したところ、この選挙は「戦争か、平和か」の分かれ道であると強調して、自分への支持を訴えた。

しかし、二〇一二年の選挙では、北朝鮮に象徴される安全保障問題は後景に退いていた。社会保障の重要性が、地域主義や経済成長政策の名のもとではなく、直接争点になったのである。

なぜ社会保障が主要な争点になったのであろうか。その答えは、二つのレベルで考える必要がある。

朴槿恵

一つは、経済社会レベルで政治的解決が必要になったからである。一九九七年の通貨危機は、韓国経済の体質を変え、厚くなりかけていた中間層をやせ衰えさせ、経済的格差を拡大、固定させてしまった。社会保障の切迫感はこのとき以降、大きくなっている。とりわけ高齢者の貧困と、若年層の就業問題、ワーキングプア問題は喫緊の課題である。しかし、二〇一〇年代になって、これらの問題が噴出したわけではない。経済社会レベルの重要性がそのまま政治的争点になるのであれば、社会保障政策はもっと早期に大統領選挙で取り上げられていたはずである。

では、何が社会保障を大統領選の争点にさせたのであろうか。それがもう一つの、言説のレベルの変化である。政治家がそれを取り上げ、有権者が問題として認知する。二〇一〇年代に入って変わったのはまさにここであった。

統一地方選挙

きっかけは、二〇一〇年六月の統一地方選挙である。韓国の統一地方選挙は、いくつかの意味で日本と異なる。日本では、地方自治体の選挙の時期は自治体ごとに異なる。もともとは全国一斉に統一地方選挙を行っていたが、首長の任期途中での辞職や議会の解散などで選挙の時期が自治体ごとに異なるようになっていった。しかし、韓国ではすべての自治体が四年に一度統一地方選挙を行う。任期途中で辞める首長もいるが、その場合の後任首長の任期は前の首長の残任期間であるからだ。また、日本では教育長に相当する教育監をこの選挙で選出する。

地方選挙が大統領選挙や国会議員総選挙と同一日に行われることはない。それゆえ、統一地方選挙は、国政に対する、より直接的には大統領に対する中間選挙の色彩を帯びる。

二〇一〇年の統一地方選挙も、〇八年に発足した李明博政権への中間審判的な意味合いがあった。二〇〇七年の大統領選挙、〇八年の国会議員総選挙で連敗した進歩派の民主党にとって、今回の地方選挙は勢力挽回のチャンスであった。国民の李明博政権を見る目は厳しいうえ、中間選挙は与党が敗北する傾向がある。また、タイミングも民主党の得意とする政策を訴えやすい時期であった。二〇〇八年から始まったリーマン・ショックは、彼らの潜在的支持基盤である庶民層、貧困層の生活を打撃し、経済格差・貧困問題が深刻化していたからである。

このとき民主党が選んだ政策が、大きな争点になる。それは、学校給食の無償化である。韓国では、日本の生活保護に相当する、基礎生活保障給付を受けている貧困家庭の生徒に対しては、学校給食が無償で供給されていたが、そうでない生徒の保護者からは給食費を徴収していた。ところが、リーマン・ショックの影響で給食費が払えない保護者が増え、いじめられるのを避けるために、わざと昼食を摂《と》らない生徒が現れるなどの社会問題が発生していた。そこで民主党は、二〇〇九年九月に学校給食法改正案を発議し、学校給食の全面無償化を提案したのである。

この提案は、民主党の社会保障に対する姿勢を象徴していた。民主党は保護者の所得にかかわらず全生徒を対象に無償にすべきと主張することで、与党である保守派の選別主義的な方向性と、進歩派の民主党の普遍主義的な方向性を対峙させたのである。

続いて民主党は、二〇一〇年二月に普遍主義的な社会保障政策を前面に打ち出した地方選挙公約を確定した。社会サービス業に関する雇用一〇〇万人創出、父親の育児休職割当制、三人以上の子どもを抱える家族の健康保険料全額免除、失業補助制、五歳児以下の無償保育・教育、小中学校での無償給食全面実施であった。民主党は選挙後、これを発展させて、二〇一一年には「無償福祉　三＋一」として普遍主義的社会保障を党の看板にしていく。

他方、与党ハンナラ党は、無償給食には慎重で、富裕層を保護者とする生徒には不要であると主張した。社会保障は重要であるが経済的に困窮している人々に限定すべきだと主張した。ハンナラ党は公約として、三〇万人の雇用創出、庶民・中産層対象に就学前児童の保育施設・幼稚園利用料全額支援、低所得層・農漁村の小中学校生無償給食を提起した。両党の対立は、民主党とハンナラ党との社会保障政策への態度の違いをはっきりと示したのである。

だが、統一地方選挙で最大の争点となったのは、北朝鮮によるとされる韓国籍哨戒艦《しょうかい》撃沈事件への対応と、李明博政権が推進していた四大河川整備事業であった。学校給食問題はこれらよりも優先順位が落ちる争点であった。ただし、選挙結果は無償給食問題をよりクローズアップさせる効果を持つこととなった。

選挙結果は、与党ハンナラ党の敗北であった。直近にあたる二〇〇六年の地方選挙では一六ある市・道の首長のうち、ハンナラ党は一二を押さえたのに対し、今回は六首長しか押さえることはできなかった。基礎自治体の首長、広域自治体の議員の数でも、ハンナラ党は軒並み野党民主党の数を下回った。比較的善戦したのは基礎自治体の区・市・郡議会議員ぐら

5－5　2010年地方選挙結果

区分		計	ハンナラ党	民主党	自由先進党	民主労働党	その他の政党	無所属
市・道の長		16	6	7	1	0	0	2
区・市・郡の長		228	82	92	13	3	1	36
市・道議員	地域区	680	252	328	38	18	8	36
	比例代表	81	36	32	3	6	6	0
区・市・郡議員		2888	1247	1025	117	115	79	305

注）韓国中央選挙管理委員会ホームページより筆者作成

いであったが、そこでも前回の選挙結果（一六二二議席）を大幅に下回り、一二四七議席にとどまった（5－5）。

保守派の与党の敗北と進歩派の民主党の復権は、普遍主義的な社会保障を目指す民主党を勢いづかせた。以後、民主党は国会でも社会保障政策で攻勢に出ることになる。

ソウル市での無償給食論争

この統一地方選挙でとりわけ注目されたのは、ソウル市と京畿道の結果である。ともに首長はハンナラ党候補者が勝利したのだが、教育監選挙では無償給食を主張する進歩派候補が勝利したからである。なお、教育監選挙では政党の推薦は禁じられているので、いずれの候補も政党とは直接関係はない。統一地方選ではさまざまな政策が争われるが、そのなかで教育監選挙は教育政策のみを扱う。教育政策におけるこのときの最大の争点は無償給食であったので、有権者は無償給食を選択したということができる。

無償給食は、社会保障政策全体から見れば大きな問題ではない。しかし民主党とハンナラ党、言い換えれば普遍主義を主張する進歩派と選別主義を主張する保守派の対立の象徴となっていた。それゆえこの問題を軸に、地方政治と国政を巻き込んだ大論争に発展する。

両者が激突したのが約一〇〇〇万の人口を誇り、首都でありかつ韓国最大の都市であるソウル市であった。ソウル市長となったハンナラ党の呉世勲《オセフン》と、ソウル市の教育監となった郭魯炫《クァクノヒョン》が、無償給食をめぐって対立したからだ。呉世勲は、無償給食自体には反対ではなかったが、低所得層に向けたものにすべきであると主張した。他方、郭魯炫は、保護者の所得にかかわらず全生徒を対象に実施するよう主張した。両者の対立は妥協点を見出すことができなかった。

一〇六議席中七九議席を民主党が占めるソウル市議会で、無償給食条例案が通過したのに対し、市長は拒否権を行使する。これに対しソウル市議会議長が職権で条例を公布する。対抗して市長が大法院（最高裁）に提訴、さらに住民投票を提起し、自分の主張が認められなければ市長を辞職すると表明するまでに至った。

エスカレートした論争は、二〇一一年八月に実施された住民投票でも決着がつかなかった。民主党をはじめとする進歩派が住民投票に反対し、棄権運動を展開するなか、投票率が二五・七％にとどまり、住民投票が成立しなかったためである。この結果を受けて、呉世勲市長は辞任し、やり直し選挙が行われた結果、進歩派で無所属の朴元淳《パクウォンスン》が当選した。

このプロセスは、韓国の国民が普遍主義を選んだといえるものではない。しかし社会保障のあり方が政党間で論争の対象となるべき重要な政治的問題として浮上したことを強く印象づけた。

朴槿恵の社会保障構想

前後して、保守派のハンナラ党は社会保障政策をめぐって大転換を始めた。ハンナラ党は盧武鉉政権時に展開された福祉政策を「福祉ポピュリズム」と批判し、自由主義モデルを目指した社会保障改革を李明博政権のもとで行おうとしていた。ところが、それとはまったく異なる社会保障案を、次期大統領候補にもっとも近いといわれていた朴槿恵が提起したのである。

朴槿恵は、二〇一〇年一二月、二年後に迫った大統領選挙に備えるため、シンクタンクとして「未来研究院」を創設するなど準備活動を開始した。その一環として彼女は「社会保障基本法全面改正のための公聴会」を開催し、「韓国型福祉国家建設」モデルを提示した。

彼女の構想の核心内容は、生活保障型福祉国家、普遍主義的福祉、企業と民間福祉供給の活性化および国家による統合管理の三点に要約できる。第一の生活保障型福祉国家とは、所得保障に重点を置いていた西欧諸国の福祉国家には限界があるので、生活保障に重点を置き、結果の平等から機会の平等へ、人的資本の育成、自活と自立の支援、現金給付よりも社会サービスの充実に転換するということである。

第二の普遍主義的福祉は、福祉の対象を高齢者や貧困層だけではなく、全国民に拡大し、出産、育児、教育など、すべての人々のすべてのライフサイクルに合わせて国家が福祉を提供することである。

第三点については、福祉サービス供給主体を多様化させながら、市場親和的にしていくが、全体としては国家が管理するという、福祉ミックス、あるいは福祉多元主義的な考え方であった。

彼女の構想は、盧武鉉のいう社会投資国家と類似しており、盧武鉉政権時の政策を整理し、体系化したものと見ても不思議ではない。かつての進歩派政権の主張をほとんど取り入れたこの構想は、ハンナラ党内で物議を醸したが、事実上の次期大統領候補の主張であったこともあり、基本的に受け入れられる。

ここにおいて韓国の福祉政治は、新たな段階に入った。

これまでは福祉政治といえば、進歩派政党のものであり、保守派政党は批判的な立場に終始していた。福祉政治は、政党間競争の主役でもなかった。ところが、無償給食論争と、朴槿恵の生活保障型国家構想をハンナラ党が受容したことにより、局面が転換した。福祉政策が政党間競争の主役になった。しかも進歩派と保守派の間で政策の違いは縮まり、両党とも普遍主義的で社会民主主義的な立場に立ちつつ、政策競争を行うという構図となった。

二〇一二年の大統領選挙で「経済民主化」が最大の争点になったのは、以上の背景からであった。

朴槿恵政権の苦悩

一九九七年のアジア通貨危機後、韓国で深刻化した経済的不平等と貧困は、二〇一二年の大統領選挙でようやく国家が解決すべき社会保障問題として政治的に認識され、争点となった。実態レベルの深刻さが言説レベルに転換されたのは、直接的には進歩派政党民主党が選挙の争点に取り上げたためであるが、大きく争点化したのは有権者レベルでの認識変化があったと考えねばならないであろう。

しかし、問題はまだ何も解決していない。韓国政治は、いよいよ負担と給付の関係に直面するからである。医療保険改革のところで見たように、給付を増やすためには個々の国民の負担増が必要になる。韓国で医療費の本人負担割合が減らず約五割にとどまるのは、負担割合を減らそうとすれば保険料率を上げねばならないからであった。

韓国が直面する不平等と貧困の問題、具体的には深刻な高齢者の貧困と、若年層の就職難、ワーキングプア問題を解決するために、韓国の人々は二〇一二年の大統領選挙で、金大中、盧武鉉が形成し、朴槿恵が継承した社会民主主義的な方向を選択した。しかし、李明博政権まで続いた「萎縮した」社会民主主義ではこれらの問題を解決できないことは、過去一五年間の歴史が示すところである。ただ、いよいよ避けがたい問題として登場するのは増税などの国民負担問題で、これを解決できるか否かが今後の韓国社会を左右するであろう。国民への負担増は、どのような形であれ困難を伴うため、党派を超えた国民的合意が必要である。韓国が「萎縮した」社会民主主義に陥ったのは、この合意が存在せず、進歩派と保守派のイデオロギー対立が激しかったからであった。朴槿恵政権の、そして韓国政治の憂鬱は、この点を克服する必要があるところにある。金大中が行おうとした、労使政委員会による社会協約に相当するコンセンサスの調達を、どのように行うのであろうか。

朴槿恵が大統領選のときに公約していた老齢基礎年金の増額は、二〇一三年の夏、財政難を理由にあっけなく挫折した。他方で、国鉄の部分的民営化に対する反対闘争を契機に、進歩派と政権との溝は深まるばかりである。本書の執筆段階ではまだ糸口も見出せてはいない。

あとがき

日本に住む私たちにとって、隣国韓国は大変評価のしにくい国である。韓国ほど、時期によって評価が極端にぶれる国も珍しい。アジア通貨危機に陥ったときは韓国がいかにダメかという論調が支配し、危機から劇的に復活するとそれが賞賛される一方で、なぜ日本が苦境から脱せないのかが嘆かれた。そして二〇一〇年代に入ると日韓関係の悪化とともに韓国をあしざまに論ずるものが激増している。

このような毀誉褒貶《きよほうへん》は奇妙である。現実の韓国に、それほど変動があるわけではない。たしかに、二〇世紀、政治経済両面で韓国は激動を経験した。しかし二一世紀に入ると、経済成長率は四%前後と安定しており、民主的な政治形態にも変化はない。

二〇一〇年代に入って話題となっている反日ナショナリズムも、実は以前と大きな変化があるわけではない。むしろ二〇世紀と比べると、市民レベルで反日感情があふれ出る場面ははるかに少なくなっている。二〇世紀はタクシーに乗るだけで竹島は誰のものかと運転手に詰め寄られ、飲み屋で自分が日本人であることを隠すこともあったが、もはやそんなことはない。日本に対する韓国人の姿勢は厳しいが、反日ゆえに一般市民が過激な行動を取ることなどほとんどない。人々にとって、他にもっと重要な問題は多々ある。マスメディアや政治家、一部の活動家が、やっかいだがやや上滑り気味のキャンペーンをしているというのが正直な感想である。

むしろ、良くも悪くも成熟して安定した先進国、というのが実感に近い。しかし、そういった等身大の韓国の姿が、韓国の人々がいかなる問題を深刻に考えているのかが、激しい評価の上下のために、日本の人々に伝わっていないのではないか。本書は、このような危惧《きぐ》を背景に、韓国政治の全体像を、より客観的に伝えることを意図して執筆した。

日本の有権者に対して、現在日本が抱えている政治的争点を尋ねれば、いつの時期でも上位にくるのは福祉、年金、景気対策である。韓国でも、経済格差や景気対策が上位であるのは同じである。類似した問題に直面し、その解決策を政治的、経済的な理由のためになかなか見出せないでいるという点で、日本も韓国もそう変わりはないのである。

韓国をどう評価するかは人によってさまざまである。しかし、その前に、実像を捉える努力が必要であることに変わりはない。本書がその一助になれば幸いである。

本書は書き下ろしである。しかし、本書は、先人の韓国政治に関する膨大な研究蓄積があってはじめて執筆できたものである。とりわけ、社会保障制度、通商政策の政治過程の分析の大半は、韓国の社会保障学者や政治学者の研究に依拠している。民主化後間もない頃は、韓国内での研究は参考にならないことが多かった。しかし、研究が急速に発展した今日、もはや韓国内の研究なしに韓国を理解することは不可能である。煩雑さを避けるためにいちいち言及はしていないが、本書で利用した研究は参考文献のコーナーで紹介しているので、参考にされたい。

政党政治、金融改革に関する分析は、筆者が過去に行った研究をベースにしているが、それとても韓国の政治学者がこれまで積み重ねてきた研究があってはじめてなしえたものである。地道に続けられてきた韓国政治の研究者に敬意と謝意を表したい。

拙い書ではあるが、本書を執筆するにあたって多くの方々にお世話になった。すべてのお名前をここで挙げることができないのは心苦しいが、直接本書にかかわってくださった方に限定して謝辞を述べることをお許しいただきたい。

本書の構想を始めた二〇一二年に、偶然にも三つの研究プロジェクトがスタートした。一つは科学研究費基盤研究（B）「一九九七―九八年経済危機以後の東アジア諸国ポリティカル・エコノミーの比較研究（研究課題番号：24330041）」（代表：恒川惠市政策研究大学院大学教授）、もう一つは科学研究費基盤研究（B）「グローバル化をめぐる国内政治過程の分析：計量分析から事例分析へ（研究課題番号：24330047）」（代表：久米郁男早稲田大学教授）、それから、アジア太平洋研究所（APIR）の研究プロジェクト「環太平洋経済協力をめぐる日米中の役割」である。これらのプロジェクトの同時スタートは、個人的には大変な重荷であったが、知的に刺激的で、韓国の政治経済を捉え直す新たな着眼点を得ることにつながった。労働市場を介して社会保障政策と通商政策を一体的に議論しようという試みは、これらすべてが同時にスタートしなければ思いつきもしなかったであろう。恒川先生、久米先生をはじめとして三つのプロジェクトに参加されている方々に感謝の念を表したい。第二章の後半の分析は、二〇一三年度の日本政治学会で辻中豊先生が企画された分科会「日中韓の市民社会と体制の相互関係」での筆者の報告に基づいている。辻中先生をはじめ関係の先生方に感謝申し上げたい。本書は、これらのプロジェクトの研究成果の一部を利用していることを申し添えておきたい。

韓国に調査に行くといつもお世話になっている、世宗研究所の陳昌洙日本研究所所長、ソウル市立大学の権寧周教授、毎日新聞社の澤田克己さんにお礼を申し上げたい。彼らとの議論は刺激的で、本書を書くにあたっても大変参考になった。資料収集にあたっては、神戸大学大学院生の八島健一郎さん、金恩貞さん、河昇彬さんに手伝っていただいた。感謝申し上げる。

ご担当いただいた中央公論新社の白戸直人氏との対話がなければ、本書は影も形もなかったであろう。筆者のはっきりしない話を聞きながら形にしてくださったうえ、第一稿への大量の修正依頼コメントは大変勉強になり、よきものを出そうという強い熱意にあふれていた。

本書が少しでも読みやすいものになっていたとしたら、それはひとえに白戸さんのおかげである。その白戸さんを紹介してくださったのは、政策研究大学院大学の竹中治堅さんである。彼と政治学会後に福岡の天神通で飲みに行ったことがその後につながった。白戸さんの後を受けて、上林達也氏は本書を完成にまでつなげてくださった。お三方に改めてお礼申し上げる。

最後に、本書を妻由里子に捧げることをお許しいただきたい。彼女の理解と助けがなければ、そもそも筆者が韓国研究を続けることもなかったであろう。筆の遅い筆者のせいで、二〇一三年の夏と冬を潰してしまった埋め合わせは二〇一四年の夏にすることで、この間の憂鬱を解消することにしたい。

二〇一四年三月

大西　裕

写真
金大中（HIRES CHIP／GAMMA／アフロ）
盧武鉉（ロイター／アフロ）
李明博（ロイター／アフロ）
朴槿恵（代表撮影／AP／アフロ）
ロウソクデモ（ロイター／アフロ）

Hole Tariffs and Endogenous Policy Theory: Political Economy in General Equilibrium, Cambridge University Press.

McArthur, John and Stephen V. Marks (1990), "Empirical Analyses of the Determinants of Protection: A Survey of Some New Results," in John S. Odell and Thomas D. Willett eds., *International Trade Policies: Gains from Exchange Between Economics and Political Science*, University of Michigan Press.

McGillivray, Fiona (1997), "Party Discipline as a Determinant of the Endogenous Formation of Tariffs," *American Journal of Political Science*, 41-2.

Midford, Paul (1993), "International Trade and Domestic Politics: Improving on Rogowski's Model of Political Alignments," *International Organization*, 47-4.

Ricardo, David (1817), *Principles of Political Economy and Taxation* (日本語訳：デヴィッド・リカードウ著、羽鳥卓也・吉沢芳樹訳〔1987〕『経済学および課税の原理』岩波文庫)

Rogowski, Ronald (1987), "Political Cleavages and Changing Exposure to Trade," *American Political Science Review*, 81-4.

Rogowski, Ronald (1989), *Commerce and Coalitions*, Princeton University Press.

Soskice, David (1999), "Divergent Production Regimes: Coordinated and Uncoordinated Market Economies in the 1980s and 1990s," in H. Kitschelt, P. Lange, G. Marks and J.D. Stephens eds., *Continuity and Change in Contemporary Capitalism*, Cambridge University Press.

主な資料

フリーダムハウスウェブサイト（http://www.freedomhouse.org/）
OECDデータベース
韓国中央選挙管理委員会データベース
韓国銀行統計データベース
韓国統計庁データベース
団体の基礎に関する調査（韓国）
朝鮮日報
ハンギョレ新聞
日本経済新聞

抗』ミネルヴァ書房
労働政策研究・研修機構編（2012）『データブック2012国際労働比較』労働政策研究・研修機構
【韓国語】
マインソプ（2011）「韓国政党の福祉政策と選挙」（『議政研究』17巻3号）
辛英泰・鄭明生・馬林永・安宰賢（1998）『APEC水産分野早期自由化の影響と対策』韓国海洋水産開発院
魚秀鳳（1992）『韓国の労働移動』韓国労働研究院
ジョンイファン（2006）『現代労働市場の政治社会学』フマニタス
【英語】
Alt, James E. and Michael Gilligan (1994), "Survey Article: The Political Economy of Trading States: Factor Specificity, Collective Action Problems and Domestic Political Institutions," *The Journal of Political Philosophy*, 2-2.
Alvarez, R.M., G. Garrett and P. Lange (1991), "Government Partisanship, Labor Organization, and Macroeconomic Performance, 1967-1984," *American Political Science Review*, 85-3.
Conybeare, John and Mark Zinkula (1996), "Who Voted againt the NAFTA? Trade Unions versus Free Trade," *World Economy*, 19-1.
Deardorff, Alan and Robert M. Stern eds. (1998), *Constituents Interests and U.S.Trade Policies*, University of Michigan Press.
Frieden, Jeffery (1991), *Debt, Development and Democracy: Modern Political Economy and Latin America*, Princeton University Press.
Haggard, Stephan and Robert R. Kaufman (2008), *Development, Democracy, and Welfare States: Latin America, East Asia, and Eastern Europe*, Princeton University Press.
Hiscox, Michael J. (2002), *International Trade and Political Conflict: Commerce, Coalitions, and Mobility*, Princeton University Press.
Kaempfer, H. William and Stephen V. Marks (1993), "The Expected Effects of Trade Liberalization: Evidence from U.S. Congressional Action on Fast-Track Authority," *World Economy*, 16-6.
Ladewig, Jeffrey W. (2006), "Domestic Influences on International Trade Policy: Factor Mobility in the United States, 1963-1992," *International Organization*, 60-4.
Magee, Stephen P., William A. Brock and Leslie Young (1989), *Black*

シンドンミョン（2009）「経済危機以降の李明博政権の社会福祉政策の評価と代案」（『韓国政策学会報』18巻4号）
シンフシク・ユスンソン・ヨンフンス（2009）『経済危機の展開と対応―通貨危機と最近の金融危機を中心に』国会予算政策処
ユジョンイル（2009）『危機の経済―金融危機と韓国経済』思索の木
ユクドンファン（2009）「2009年政府の経済政策運用方向」（『経済界』2009年1月号）
イガビュン（2010）「ロウソク集会参加者の人口・社会学的特性及び政治的方向と態度」（『韓国政党学会報』9巻1号）
ジョンジニョン（2011）「米韓FTA批准ゲームの政治」（『経済と政策』187号）
ジョンウォンチル（2011）「世論を通してみた米韓FTA―国会批准時期慎重論の急浮上」（*EAI Opinion Review* No. 2011 08-01）
ジョウンソン（2008）「李明博政権時代の社会福祉―福祉市場の全面化」（『ソソク社会科学論叢』1巻2号）
チェビョンイル（2009）「米韓FTA再交渉可能性と批准展望」（『通商法律』87号）
チェジェソン（2010）「李明博政権の社会福祉政策特性と課題―「親企業保守右翼」から「親庶民中道実用」？」（『韓国社会福祉調査研究』25号）
ホジェジュン（2009）「経済危機と雇用対策補完方向」（『労働レビュー』2009年6月号）
ホンソンテ（2011）『土建国家を改革しろ―開発主義を乗り越え生態福祉国家へ』ハンウル
【英語】
Neustadt, Richard E. (1990), *Presidential Power and Modern Presidents: The Politics of Leadership from Roosevelt to Reagan*, 4th ed., Free Press.

第5章

【日本語】
大西裕（2001）「韓国―政治的支持調達と通商政策」（岡本次郎編『APEC早期自由化協議の政治過程―共有されなかったコンセンサス』アジア経済研究所）
大西裕（2013）「通商政策と福祉国家」（アジア太平洋研究所編『日米中新体制と環太平洋経済協力のゆくえ』アジア太平洋研究所）
宮本太郎（2013）『社会的包摂の政治学―自立と承認をめぐる政治対

ホンソンテ（2007）「米韓FTA反対運動の展開と特徴」（学術団体協議会編『米韓FTAと韓国の選択』ハンウル）
【英語】
Cumings, Bruce（1981）, *The Origins of the Korean War vol. 1: Liberation and the Emergence of Separate Regimes, 1945-1947*, Princeton University Press（日本語訳：ブルース・カミングス著、鄭敬謨・林哲・加地永都子訳『朝鮮戦争の起源　1／2―解放と南北分断体制の出現　1945年-1947年』シアレヒム社, 1989-91年）

第4章

【日本語】
浅羽祐樹・大西裕・春木育美（2010）「韓国における選挙サイクル不一致の政党政治への影響」（『レヴァイアサン』47号）
奥村牧人（2009）「大韓民国の議会制度」（『レファレンス』2009年8月号）
高龍秀（2009）「世界金融危機と韓国」（『甲南経済学論集』49巻2・3・4号）
高安雄一（2012）『TPPの正しい議論にかかせない米韓FTAの真実』学文社
【韓国語】
キムギョソン・キムソンウク（2012）「福祉の量的拡大と体系的縮小―李明博政権の福祉政策に対する評価」（『社会福祉政策』39巻3号）
金淵明（2009）「李明博政権所得保障政策の争点」（『福祉動向』125号）
キムウォンソプ・ナムユンチョル（2011）「李明博政権の社会政策の発展―韓国福祉国家拡大の終わり？」（『アジア研究』54巻1号）
毎日経済経済部・政治部（2008）『MBノミクス―李明博経済ドクトリン解剖』毎日経済新聞社
ムンヒョング（2009）「MB政府、経済危機対応の本質は？」（『月刊マル』2009年2月号）
パクチグァン（2011）「2010年アメリカ中間選挙、ティーパーティー運動、そして米韓FTA批准―地域区の利害関係に基礎をおく分析」（『外交安保研究』7巻2号）
新しい社会を開く研究院（2009）『新自由主義以降の韓国経済―グローバル金融危機とMBノミクスを越えて』時代の窓

第3章

【日本語】
大西裕（2005）「分裂の民主主義—地域主義政党制の低パフォーマンス」（『現代韓国朝鮮研究』第5号）
大西裕（2009）「韓国—場外政治の主役としての市民社会」（坪郷實編『比較・政治参加』ミネルヴァ書房）
大矢根聡（2012）『国際レジームと日米の外交構想—WTO・APEC・FTAの転換局面』有斐閣
奥田聡（2007）『韓米FTA—韓国対外経済政策の新たな展開』アジア経済研究所
滝井光夫（2007）「米国のFTA政策—その展開と特色」（『季刊　国際貿易と投資』No.68）
【韓国語】
カンウォンテク（2003）『韓国の選挙政治—理念、地域、世代とメディア』プルンギル
キムミギョン（2011）「対外経済政策と韓国社会の葛藤—選好、政策パラダイム、そして国内政治連合の形成」（『韓国政治学会報』45巻5号）
キムソンス（2011）「韓国社会の葛藤と言論の役割—米韓FTA報道記事を中心に」（『東西研究』23巻1号）
キムヨンホ（2004）「2003年憲政危機の原因と処方：第3党分割政府と大統領—国会間の対立」（チンヨンジェ編『韓国権力構造の理解』ナナム）
金鉉宗（2010）『金鉉宗、米韓FTAを話す』ホンソンサ
盧武鉉（2009）『進歩の未来』ドンニョク
パクイニ編（2008）『米韓FTAと韓国の外交戦略—教訓と課題』クンブンオ
シムヤンソプ（2008）『韓国の反米—原因・事例・対応』ハンウル
イネヨン（2003）「安保意識の両極化と外交政策決定のジレンマ—外交安保分野世論分析と政策提言」（イネヨン・イハギョン編『盧武鉉政権のジレンマと選択—国民世論・少数政府・政策選択』東アジア研究院）
ジャンフン（2008）「政党政治と外交政策」（『韓国政治学会報』42巻3号）
チェヨンジョン（2010）「グローバル化を取り巻く国内的葛藤に対する研究—米韓FTA事例を中心に」（『韓国政治外交史論叢』31巻2号）

民社会』木鐸社
辻中豊・廉載鎬編（2004）『現代韓国の市民社会・利益団体―日韓比較による体制移行の研究』木鐸社
盧武鉉編著、青柳純一編訳（2003）『韓国の希望　盧武鉉の夢』現代書館
服部民夫（1988）『韓国の経営発展』文眞堂
【韓国語】
キムバンチョル（2001）「韓国医療報酬点数の決定過程と現況」（『大韓医師協会誌』44巻4号）
キムヨンファ・シンウォンシク・ソンジア（2007）『韓国社会福祉の政治経済学』ヤンソウォン
キムジョンソ（2006）「盧武鉉政権の福祉政策と地方分権―内容と限界」（『地方自治法研究』6巻1号）
盧武鉉（2009）『成功と挫折』ハッコジェ
ノヘギョン他（2002）『愉快な政治反乱、ノサモ』ケマコウォン
パクビョンヒョン（2008）「盧武鉉政権の福祉財政分権政策に伴う地方政府社会福祉財政実態分析及び政策的改善方案」（『韓国社会福祉学』60巻1号）
パクウンミ（2003）「社会福祉政策決定過程における参加者役割に関する研究」（『嶺南地域発展研究』32号）
ペクドゥジュ（2011）「経済危機以降韓国社会政策の変化と効果―金大中・盧武鉉政権を中心に」（『談論201』14巻1号）
朝鮮半島社会経済研究会編（2008）『盧武鉉時代の挫折―進歩の再構成のための批判的診断』チャンビ
イビョンヒ（2011）「勤労貧困の労働市場要因と貧困動学」（ソウル社会経済研究所編『韓国の貧困拡大と労働市場構造』ハンウル）
イスヨン（2011）「金大中・盧武鉉政権福祉国家性格に関する研究―国民健康保険政策決定過程での市民参加を中心に」（『社会福祉研究』42巻1号）
ジョンビョンモク・イサンウン（2006）『我々の現実にあうEITC実施方案』韓国租税研究院
財経会・予友会（2011）『韓国の財政60年―健全財政の道』毎日経済新聞社
ジョソンジュ他（2008）『勤労奨励税制（EITC）と女性の労働供給―実証分析と政策課題』韓国女性政策研究院

方』韓国行政研究院
パクヨンチョル・キムドンウォン・パクギョンソ（2000）『金融・企業構造調整　未完の改革』サムスン経済研究所
パクジョングァン・キムイヨン（2004）「金大中政権の福祉政策の変化に関する研究―生産的福祉政策を中心に」（『公共行政研究』6巻1号）
サムスン経済研究所編（1998）『IMF 1年と韓国経済の変貌』サムスン経済研究所
ソンミヨン（2012）「健康保険制度と福祉政治」（ジョンテファン他『韓国の福祉政治』ハクチサ）
ソンハクテ（2005）「韓国民主主義堅固化の可能性と限界―金大中政権の社会福祉改革」『韓国政治学会報』（39巻5号）
IMF通貨危機原因究明と経済危機真相調査のための国政調査特別委員会（1999）『IMF通貨危機原因究明と経済危機真相調査のための国政調査結果報告書』
アンジョンギル（2000）『最近の銀行危機発生原因と当局の対応』韓国経済研究院
財政経済部（1999）『経済白書　1999年版』
財政経済部国際機構課（1998）“Letter of Intent”
財政経済部・金融監督委員会（2000）『公的資金白書』
財政経済部・産業資源部・建設交通部・企画予算委員会・金融監督委員会（1998）『金融・企業構造改革促進方案』
【英語】
Haggard, Stephan (2000), *The Political Economy of the Asian Financial Crisis*, Institute for International Economics.
Holliday, Ian (2000), “Productivist Welfare Capitalism: Social Policy in East Asia,” *Political Studies*, Vol.48.
Holliday, Ian, Paul Wilding eds. (2003), *Welfare Capitalism in East Asia: Social Policy in the Tiger Economies*, Palgrave Macmillan.

第2章
【日本語】
磯崎典世・大西裕（2011）「韓国における党支部廃止の政治過程―非党派姓の制度化と選挙管理委員会」（日本政治学会編『年報政治学2011―II　政権交代期の「選挙区政治」』木鐸社）
辻中豊・森裕城編（2010）『現代社会集団の政治機能―利益団体と市

奥田聡編（2007）『経済危機後の韓国―成熟期に向けての社会・経済的課題』アジア経済研究所
国連開発計画（UNDP）（2013）『人間開発報告書　2013　日本語版』阪急コミュニケーションズ
森山茂徳（1998）『韓国現代政治』東京大学出版会
【韓国語】
キムギョソン・ノヘジン（2011）『韓国の貧困―多次元的接近と再生産メカニズム』ナヌメジプ
キムジヌク（2011）『韓国の福祉ミックス』チンムンダン
パクチャヌク・キムジュイン・ウジョンオプ編（2013）『韓国有権者の選択２―第18代大統領選挙』峨山政策研究院
プレシアン特別取材チーム（2010）『韓国のワーキングプア―何が我々を働けば働くほど貧しくさせているのか？』出版社「本で見る世界」
イネヨン・ソヒョンジン編（2013）『変化する韓国有権者５―パネル調査を通して見た2012年国会議員総選挙と大統領選挙』東アジア研究院
ジョンムグォン編（2009）『韓国福祉国家性格論争Ⅱ』人間と福祉

第１章
【日本語】
大西裕（2002）「韓国における金融危機後の金融と政治」（村松岐夫・奥野正寛編『平成バブルの研究（下）崩壊編―崩壊後の不況と不良債権処理』東洋経済新報社）
木宮正史（1999）「韓国における経済危機と労使関係レジームの展開―労・使・政委員会の活動を中心に」（韓国経済研究会『韓国の経済体制改革に関する調査研究』産業研究所）
高安雄一（2005）『韓国の構造改革』NTT出版
【韓国語】
姜明世（1999）「韓国の社会協約実験」（姜明世編『経済危機と社会協約』世宗研究所）
金淵明（2002）「金大中政権の社会福祉改革と不確実な未来―国民年金・医療保険改革をめぐる利害集団間葛藤を中心に」（『経済と社会』55号）
金融改革委員会（1998）『金融改革白書』
グォンミス（1998）『金融産業に対する監督及び規制失敗の原因と処

参考文献

全体にかかわる文献

【日本語】

埋橋孝文・木村清美・戸谷浩之編（2009）『東アジアの社会保障―日本・韓国・台湾の現状と課題』ナカニシヤ出版

奥田聡（2010）『韓国のFTA―10年の歩みと第三国への影響』アジア経済研究所

金成垣（2008）『後発福祉国家論―比較のなかの韓国と東アジア』東京大学出版会

新川敏光編（2011）『福祉レジームの収斂と分岐―脱商品化と脱家族化の多様性』ミネルヴァ書房

春木育美・薛東勲編（2011）『韓国の少子高齢化と格差社会―日韓比較の視座から』慶應義塾大学出版会

百本和弘・李海昌編（2012）『韓国経済の基礎知識』JETRO

【韓国語】

金淵明編（2002）『韓国福祉国家性格論争Ⅰ』人間と福祉（日本語訳：金淵明編、韓国社会保障研究会訳〔2006〕『韓国福祉国家性格論争』流通経済大学出版会）

盧武鉉財団（2010）『運命だ―盧武鉉自叙伝』トルベゲ

パクヨンス（2011）「盧武鉉大統領の米韓FTA推進理由―大統領リーダーシップを通じた接近」（『平和研究』19巻1号）

アンサンフン（2010）『現代韓国福祉国家の制度的転換』ソウル大学校出版文化院

ヤンジェジン他（2008）『韓国の福祉政策決定過程―歴史と資料』ナナム出版社

【英語】

Esping-Andersen, Gøsta ed. (1996), *Welfare States in Transition: National Adaptations in Global Economies*, Sage（日本語訳：G.エスピン＝アンデルセン編、埋橋孝文監訳〔2003〕『転換期の福祉国家―グローバル経済下の適応戦略』早稲田大学出版部）

はしがき・序章

【日本語】

大西裕（2005）『韓国経済の政治分析―大統領の政策選択』有斐閣

	６月大運河構想撤回
	９月アメリカの投資銀行リーマン・ブラザーズ経営破綻
	10月米韓FTA批准同意案国会再提出／「李明博政府の100大国政課題」を発表／米韓通貨スワップ協定締結
	12月日韓通貨スワップ協定，協定枠拡大
2009	１月アメリカでオバマ政権発足
	３月民生安定緊急措置
	４月少子化対策計画（アイサランプラン）発表
	９月民主党，学校給食法改正案発議，学校給食の全面無償化提案
2010	２月民主党，普遍主義的な社会保障政策を謳う選挙公約公表
	６月第５回統一地方選挙／米韓FTA追加交渉開始
	12月ハンナラ党朴槿恵議員，保守系シンクタンク「未来研究院」創設，「韓国型福祉国家建設」モデル提示
2011	２月米韓FTA追加交渉終了
	８月ソウル市で無償給食条例をめぐる住民投票，ソウル市長辞職
	10月やり直しソウル市長選挙，進歩派の朴元淳当選
	11月米韓FTA批准同意案，国会承認
2012	３月５歳早期教育課程への支援開始／米韓FTA発効
	４月第19代国会議員総選挙
	12月第18代大統領選挙，朴槿恵セヌリ党候補当選
2013	２月朴槿恵政権発足

	6月第3回統一地方選挙
	12月第16代大統領選挙，盧武鉉新千年民主党候補当選
2003	2月盧武鉉政権発足（～2008年2月）
	6月国民健康保険，職場加入者と地域加入者の財政統合
	7月社会福祉事業法改正
	9月WTOカンクン（メキシコ）閣僚会議／盧武鉉大統領，民主党離党
	10月日韓FTA交渉開始
	11月ヨルリンウリ党結成
	12月韓国，BSE発生を受けて米国産牛肉禁輸措置
2004	1月参与福祉5ヵ年計画発表／雇用保険法改正，雇用保険の適用拡大
	3月国民基礎生活保障法改正／国会，盧武鉉大統領を弾劾訴追
	4月第17代国会議員総選挙
	5月シャイナー米通商副代表，米韓FTAへの関心表明／憲法裁判所，盧武鉉大統領に対する弾劾訴追棄却
	10月憲法裁判所，首都移転法違憲判決
	11月日韓FTA交渉中断／「仕事を通じた貧困脱出支援政策」発表
2005	5月低出産および高齢社会基本法制定
	7月全国自治体で地域社会福祉協議会設置
	9月社会保障ビジョン「希望韓国21――緒に行う福祉」発表
	10月米国産牛肉輸入再開決定
	12月緊急福祉支援法制定
2006	1月大統領新年演説で米韓FTA開始表明／映画に関するスクリーンクォータ制縮小
	2月米韓FTAに関する交渉開始宣言
	3月米韓FTA阻止汎国民運動本部発足
	6月第1次低出産・高齢社会基本計画（セロマジプラン）発表
	6月第4回統一地方選挙
	8月社会保障ビジョン「ビジョン2030」発表
	11月米国産牛肉輸入再禁輸
	12月勤労奨励税制（EITC）実施決定
2007	4月米韓FTA交渉妥結／老人長期療養保険法制定
	6月米韓FTA協定文署名
	7月国民年金法改正，所得代替率大幅引き下げ／基礎老齢年金法制定
	9月米韓FTA批准同意案国会提出
	12月第17代大統領選挙，李明博ハンナラ党候補当選
2008	2月李明博政権発足（～2013年2月）
	4月第18代国会議員総選挙／米韓牛肉交渉妥結
	5月米国産牛肉輸入決定に反対するロウソク集会（～7月）

関連年表

年	出来事
1992	3月第14代国会議員総選挙
	12月第14代大統領選挙，金泳三民主自由党候補当選
1993	2月金泳三政権発足（～1998年2月）
1995	6月第1回統一地方選挙
1996	2月金泳三政権の国民福祉企画団，「生活の質世界化のための国民福祉基本構想」公表
	4月第15代国会議員総選挙
1997	6月国民年金制度改革企画団設置
	11月韓国で通貨危機発生，韓国政府，国際通貨基金に救済融資申請
	12月第15代大統領選挙，金大中新政治国民会議候補当選／国民医療保険法制定，公務員・教職員医療保健管理公団と地域医療保険組合統合決定
1998	1月第1次労使政委員会設置／韓国銀行，第一銀行とソウル銀行を不良金融機関と決定
	2月金大中政権発足（～2003年2月）／「経済危機克服のための社会協約」で労使政合意／総合金融会社10社の認可取り消し
	4月金融監督委員会発足
	6月第2回統一地方選挙／第2次労使政委員会発足／第1次金融構造調整開始
	7月全国の労働組合でスト
	8月商業銀行と韓一銀行合併
	9月ハナ銀行とボラム銀行，国民銀行と長期信用銀行合併／銀行労使代表で人員削減幅をめぐり合意
	10月雇用保険の適用対象を全事業所に拡大
	11月第1次社会保障長期発展計画発表
1999	1月国民健康保険法制定
	4月国民年金，都市自営業者に対象拡大，国民皆年金達成
	6月金大中大統領，蔚山で国民生活保障基本法制定発言
	8月金大中大統領，社会保障政策理念として「生産的福祉」発表
	9月国民基礎生活保障法制定
2000	4月第16代国会議員総選挙
	7月健康保険組合統合，国民健康保険公団発足
	8月国民基礎生活保障法施行
2001	1月アメリカでブッシュ政権発足（～2009年1月）
2002	1月国民健康保険財政健全化特別法制定
	5月FIFAワールドカップを日韓で共同開催（～6月）

大西 裕（おおにし・ゆたか）

1965年，兵庫県生まれ．89年，京都大学法学部卒業．93年，京都大学大学院後期博士課程退学．97〜98年，韓国高麗大学留学．大阪市立大学法学部助手，同助教授などを経て，現在は神戸大学大学院法学研究科教授．専攻は行政学，比較政治学．
本書により，第36回サントリー学芸賞（政治・経済部門），第9回樫山純三賞（一般書部門）を受賞．
著書『韓国経済の政治分析』（有斐閣，2005年）
編著『アジアの政治・経済入門』（有斐閣，2006年／新版2010年）
『日本・韓国』（ミネルヴァ書房，2008年）
『選挙管理の政治学』（有斐閣，2013年）

先進国《せんしんこく》・韓国《かんこく》の憂鬱《ゆううつ》
中公新書 *2262*

2014年4月25日初版
2014年11月15日再版

著　者　大西　裕
発行者　大橋善光

本文印刷　三晃印刷
カバー印刷　大熊整美堂
製　本　小泉製本

発行所　中央公論新社
〒104-8320
東京都中央区京橋 2-8-7
電話　販売 03-3563-1431
　　　編集 03-3563-3668
URL http://www.chuko.co.jp/

Published by CHUOKORON-SHINSHA, INC.
Printed in Japan　ISBN978-4-12-102262-2 C1233

中公新書刊行のことば

いまからちょうど五世紀まえ、グーテンベルクが近代印刷術を発明したとき、書物の大量生産は潜在的可能性を獲得し、いまからちょうど一世紀まえ、世界のおもな文明国で義務教育制度が採用されたとき、書物の大量需要の潜在性が形成された。この二つの潜在性がはげしく現実化したのが現代である。

いまや、書物によって視野を拡大し、変りゆく世界に豊かに対応しようとする強い要求を私たちは抑えることができない。この要求にこたえる義務を、今日の書物は背負っている。だが、その義務は、たんに専門的知識の通俗化をはかることによって果たされるものでもなく、通俗的好奇心にうったえて、いたずらに発行部数の巨大さを誇ることによって果たされるものでもない。現代を真摯に生きようとする読者に、真に知るに価いする知識だけを選びだして提供すること、これが中公新書の最大の目標である。

私たちは、知識として錯覚しているものによってしばしば動かされ、裏切られる。私たちは、作為によってあたえられた知識のうえに生きることがあまりに多く、ゆるぎない事実を通して思索することがあまりにすくない。中公新書が、その一貫した特色として自らに課すものは、この事実のみの持つ無条件の説得力を発揮させることである。現代にあらたな意味を投げかけるべく待機している過去の歴史的事実もまた、中公新書によって数多く発掘されるであろう。

中公新書は、現代を自らの眼で見つめようとする、逞しい知的な読者の活力となることを欲している。

一九六二年一一月

中公新書

現代史

f2

2055 国際連盟 篠原初枝
27 ワイマル共和国 林健太郎
478 アドルフ・ヒトラー 村瀬興雄
2272 ヒトラー演説 高田博行
1943 ホロコースト 芝健介
2266 アデナウアー 板橋拓己
2274 スターリン 横手慎二
530 チャーチル（増補版） 河合秀和
1415 フランス現代史 渡邊啓貴
2221 バチカン近現代史 松本佐保
1959 韓国現代史 木村幹
1650 韓国大統領列伝 池東旭
1762 韓国の軍隊 尹載善
2262 先進国・韓国の憂鬱 大西裕
2216 北朝鮮―変貌を続ける独裁国家 平岩俊司

1763 アジア冷戦史 下斗米伸夫
1876 インドネシア 水本達也
2143 経済大国インドネシア 佐藤百合
1596 ベトナム戦争 松岡完
941 イスラエルとパレスチナ 立山良司
2112 パレスチナ―聖地の紛争 船津靖
2236 エジプト革命 鈴木恵美
1664 1665 アメリカの20世紀（上下） 有賀夏紀
1937 アメリカの世界戦略 菅英輝
1992 マッカーサー 増田弘
1920 ケネディ―「神話」と実像 土田宏
2244 ニクソンとキッシンジャー 大嶽秀夫
2140 レーガン 村田晃嗣
1863 性と暴力のアメリカ 鈴木透
2163 人種とスポーツ 川島浩平